Engelhorn Bücherei

Kleine Geschichten aus Thüringen

Gesammelt
und herausgegeben von
Ludwig Degenkolb

Engelhorn Verlag
Stuttgart

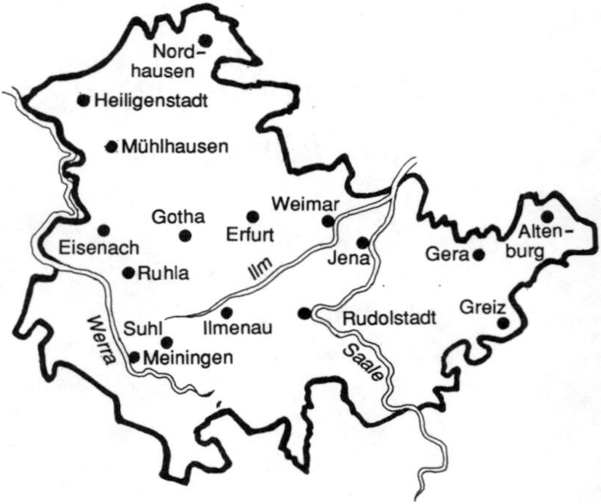

Thüringen
1920 haben sich die sächsischen
Herzogtümer Weimar-Eisenach, Gotha
(ohne Coburg, das damals bayerisch wurde),
Altenburg und Meiningen mit den
beiden Fürstentümern Schwarzburg und
den schon 1919 vereinigten Fürstentümern Reuß
zusammengeschlossen. 1944 wurden auch der
preußische Regierungsbezirk Erfurt
und der preußische Kreis Schmalkalden
(wieder) thüringisch.

Inhalt

Der Thüringer Löwe mit den Sternen
für die acht Landesteile (seit 1945)

Edwin Redslob

Der Garten Deutschlands

Thüringen ist bis hinein in das Innere seiner Städte vom Wesen seiner Landschaft her bestimmt, deren Reiz zu erkennen, ein bewegliches Auge verlangt. Immer neue Motive erfreuen den, der dieses Land durchwandert: geschwungene Höhen, die ihre Saatenfülle der Sonne entgegenwenden, geschlängelte Täler, in denen die Obstbäume sich drängen, schmale Flüsse und Bäche, deren Lauf, von Weiden und Gebüsch begleitet, die gewundenen Linien der Landschaft vertieft, die Kurven der Landstraße, besteckt mit Zwetschgenbäumen, deren verbogener Wuchs von der Kälte erzählt, die im Winter eisig über die Höhen weht, blumenumsäumte Feldwege, auf denen der Schäfer seine Herde gemächlich zur Höhe treibt.

Die Dörfer muß man kennen, deren

breite Ziegeldächer so dicht in Grün gebettet sind wie sonst wohl nirgends auf der Welt, die so mannigfaltig geformten Kirchtürme, die wie Blumen verschiedener Sorte jeder über einem Beet aus grünen Bäumen und roten Ziegeldächern erblüht sind.

Auf dem Dorfanger breitet die Linde das Strahlenbündel ihrer Zweige: Sie ist der Festsaal der Gemeinde, unter ihrem Schutz entscheidet sich vieler Geschick. Den Friedhof umhegen Tannen und Taxus: Sie formen Ruhe und Ernst. Auf der Höhe des Hügels aber steht, von allen geliebt, der große Solitär: eine Buche von prangendem Wuchs, die tausendjährige Eiche, in deren Schutz Steinblöcke zum Sitzen einladen, wo einst die Urväter sich zum Gericht versammelten. In Wind und Wetter kann der Riese sich ganz ausleben. Er ist das Wahrzeichen der Gegend, hierhin bestellt das Mädchen den Burschen, in seinem Schatten halten die Schnitter Rast, von hier beginnt im Herbst die Streife auf Hasen und Rebhühner. Die Landschaft mit den Wiesenflächen und dem lichten Grün eines oft nur an dem umsäumenden Buschwerk kenntlichen Flußlaufes

Edvard Munch: Thüringer Wald

hat etwas Parkartiges, so sehr entzückt sie durch den Wechsel der Motive. Man könnte Thüringen den Garten Deutschlands nennen.

Sieht man vom Inselsberg, vom Turm der Wartburg, von einem der Höhenzüge zwischen Unstrut und Goldener Aue oder – wie Goethe es so gern tat – vom Dornburger Felshang über das Thüringer Land, so empfindet man die Mannigfaltigkeit und Weite einer Landschaft, die das Auge in blaue Fernen führt und der Phantasie freien Spielraum läßt. Wohl fehlt der große Strom: Thüringen ist ein Land der Quellen und Bäche und der kleinen, nicht schiffbaren Flüsse; sie fließen von den dichtbewaldeten Gebirgszügen, die das Land umhegen, in seine gesegneten Täler.

Wo der Ilme Bach bescheiden
Schlängelnd sich zu Tale gießt,
Überdeckt von Busch und Weiden
Halbversteckt sich selbst genießt...

Diese Worte in einem Festspiel Goethes erfassen das Wesen der Thüringer Landschaft, die mit dem Rauschen ihrer Wälder, dem Wellenspiel ihrer Gewässer und dem Jubilieren der Lerchen etwas Liedhaftes hat. Der Pflüger, der mitten im Ziehen der Furche durch den fruchtbaren Boden einen Augenblick seine Hand vom Pfluge löst, die Augen beschattet und hoch oben in der durchsonnten Bläue des Äthers den Aufstieg der Lerche beobachtet: Das ist, den Einklang zwischen Mensch und Natur verkündend, das Sinnbild der Thüringer Landschaft. Auch der Jäger gehört dazu, der zur Brunftzeit zwischen den Stämmen des Forstes auf dem Anstand sitzt und dem Ruf des Hirsches lauscht, und ebenso der Glasbläser in einem der waldumsäumten Orte am Rennsteig, der über der Stichflamme mit abgemessenem Atem aus dem Glasrohr zierliche Hirsche und Rehe formt.

Es wird gern gesungen und musiziert in dem Lande, dem so viele Musiker und Musikanten entstammen. Wenn man von Hessen her in die Gegend um Creuzburg und Eisenach kommt, gelangt man in die Gefilde der Orgel und des Liedes: Michael Prätorius ist in Creuzburg an der Werra geboren, mehr als hundert Jahre vor Bach, dem er den Weg bereitet hat. Des Johann Sebastian Bach Geburtshaus steht in Eisenach; dort sang Martin Luther, dessen Vorfahren aus der Nähe der Wartburgstadt stammten, als Knabe im Chor der Kurrende. Seit der Reformation bedeutet der Thüringer Kantor viel in der Geschichte der deutschen Kirchenmusik; auch sind die drei großen »S« der deutschen Barockmusik, Schütz,

Scheidt und Schein, auf das engste mit Thüringen verbunden.

Für die Dichter ist Thüringen durch die Wartburg der Landgrafen und des Minnesanges und durch das Weimar unserer Klassiker gastlich geworden. Doch steht neben Walther von der Vogelweide und Wolfram von Eschenbach, die aus der Fremde kamen, der Thüringer Heinrich von Morungen, dessen väterliche Burg sich im Vorgelände des Harzes nahe Sangershausen erhob. Ekkart von Hochheim, der Meister Eckart der deutschen Mystik, stammt aus der Nähe von Gotha; als Ordensprior der Dominikaner für Thüringen hat er in Erfurt den Sinn der Gotik geistig, in der Kraft seiner Sprache auch dichterisch erfüllt. Goethes väterlicher Stamm wurzelt in Artern, das nördlich von Gotha liegt.

Die Erzählerfreude des Thüringers lebt in dem Humor des in Jena geborenen Märchendichters Musäus, den die Herzogin Anna Amalia, da der tanzfreudige Predigtamtskandidat für einen Pfarrer zu weltlich erschien, als Professor und Pagenerzieher an das Gymnasium ihrer Residenzstadt berief. Der große Geschichtsschreiber Leopold von Ranke und der Schilderer des Tierlebens Alfred Brehm stammen aus Thüringer Pfarrhäusern. Als Dramatiker der nachklassischen Zeit steht neben dem Norddeutschen Hebbel der Thüringer Otto Ludwig, dessen Drama »Der Erbförster« in den Wäldern seiner Heimat spielt. Im Grunde aber war Ludwig mehr Erzähler als Dramatiker; was er an Novellen schrieb, spiegelt die Idylle wider, die dem versonnenen Reiz der Landschaft des Werratales am Südhang des Thüringer Waldes entspricht.

»Auf den Bergen die Burgen« heißt es im Saalelied, das die Studenten in Jena singen. Denn Thüringen ist ein Land der Burgen, zu deren Füßen und in deren Schutz sich die Städte und Ortschaften entwickelt haben. Die Gotik zeigt in der landschaftlichen Anlage der Städte eine besondere, als echt thüringisch anzusprechende Eigenart, die in der Doppelbekrönung Erfurts durch die Gruppe von Dom und St. Severi so groß zum Ausdruck kommt, daß man geneigt ist, hier von der Akropolis Thüringens zu sprechen.

Die Mannigfaltigkeit der Thüringer Dorfkirchen hat in der Zeit, da das Bauhaus ein neues Weimar repräsentierte, Lyonel Feininger zu seinen eigenartigen, musikalisch empfundenen Schöpfungen inspiriert.

Ein Barockmeister wie Heinrich Krohne ließ in seinen Bauten, die er um die Mitte des achtzehnten Jahrhunderts für den Großvater des Goethe-Herzogs Carl August ausgeführt hat, die landschaftliche Empfindung seiner Wahlheimat Gestalt gewinnen, am stärksten in dem Rokokoschloß von Dornburg und im Schloß Ettersburg. Den Reiz malerisch-landschaftlicher Gruppierung, die in der Verbindung aus Burgen entstandener Schlösser sowohl mit der Stadt wie mit der Landschaft so kennzeichnend ist, zeigen viele der Thüringer Residenzstädte, der »Akropolis« Erfurts entspricht die Bekrönung Altenburgs durch die kühn aufragende Gruppe, die Burg und Kirche zur Einheit verbindet.

Die Kenntnis von dem Beitrag, den Thüringen für die Plastik der Gotik vor allem auf dem Gebiet der Schnitzkunst geleistet hat, ist viel zuwenig verbreitet. Und doch ist das Gestühl im Chor des Erfurter Domes mit den köstlichen Darstellungen des Weinbaues bis hin zur Verspottung des Zipperleins als der Folge zu eifrigen Weingenusses ein Beispiel für den launigen Zug des Thüringers, der auch in der bildenden Kunst immer wieder erkennbar ist. Die künstlerische Herkunft des Tilman Riemenschneider, dessen Familie vom Eichsfeld stammt, ist in der Zartheit der Stimmung, die den Meister Würzburgs, der er wurde, als echten Thüringer auszeichnet, am besten aus einer engen Beziehung des Lernenden zu der hochentwickelten Erfurter Kunst zu erklären, die ihm die ersten Eindrücke, wahrscheinlich auch die Lehre gab. Kennzeichnend für den Ausgang der Gotik und deren Freude an reicher Entfaltung des ornamentalen Zierates sind die Schnitzaltäre, die man in so vielen Dorfkirchen, vor allem im Gebiet von Saalfeld findet.

Für die Malerei der aus Thüringen stammenden oder dort tätigen Meister ist schon vom achtzehnten Jahrhundert an die Freude an der Landschaft kennzeichnend; im neunzehnten Jahrhundert bildet Weimar, beginnend mit Friedrich Preller und Carl Hummel, gipfelnd in Karl Buchholz, seine Landschaftsschule aus, der sich der Rheinländer Theodor Hagen und der Holsteiner Christian Rohlfs verbanden. Lange ehe Worpswede und Dachau für die Maler Mode wurden, die ihre Staffelei unter freiem Himmel aufstellten, hat das geschwungene Hügelland, in das die Wiesen und Wälder und die Parks um Weimar gebettet sind, den »Landschaftern« erwünschte Motive gegeben.

Dieses schöne Land mit seiner aufgeweckten und anstelligen Bevölkerung ist von den Herzögen aus dem sächsischen Stamm der Wettiner und von den eingesessenen Fürsten von Schwarzburg und Reuß, als wenn sie nicht Väter des Landes, sondern nur Väter ihrer Söhne gewesen wären, wie ein persönliches Erbe zerteilt worden, so daß sich im kleinen das Schicksal Deutschlands wiederholte, durch Zerteilung schwach zu werden. Statt daß Erfurt, Thüringens größte und reichste Stadt, sein Ziel erreicht hätte, freie Reichsstadt wie die einst blühenden Handelsstädte Nordhausen und Mühlhausen zu werden, trieb hier Kur-Mainz einen fremden Keil mitten in das schon verwirrend genug zersplitterte Land.

Die Fürsten vergnügten sich mit Soldatenspiel und Jagd oder als Bauherren von Schlössern, darin sie das Sonnenkönigtum von Versailles nachahmten. Einige aber ragen hervor: Günther von Schwarzburg, dessen Rolle als König freilich nur kurz war, oder Hanfried, der nach dem Verlust der Kurwürde mit seinem Maler und Freund Lucas Cranach nach Weimar zog und im nahen Jena, wo sein Standbild auf dem Marktplatz steht, vor nun schon mehr als vierhundert Jahren die Universität gründete, an der einst Schiller, Fichte und Schelling lehren sollten.

Der Held des Fürstengeschlechtes der Ernstiner ist Bernhard von Weimar, der siegreiche Heerführer im Dreißigjährigen Krieg, der über die geringen Möglichkeiten hinausstrebte, die Thüringen ihm bot, und sich in Franken und am Oberrhein sein Herzogtum erstreiten wollte. Segen brachte dem Land, daß ein kluger Volkswirt bestrebt war, das Elend nach dreißigjähriger Kriegs-

Bernhard von Sachsen-Weimar,
der militärische Nachfolger Gustav Adolfs

zeit durch Geduld und Arbeit zu überwinden: Herzog Ernst der Fromme von Gotha und Altenburg. Der Bekannteste in der Reihe ist Goethes Freund, Carl August von Weimar und Eisenach, die Prachtgestalt eines Thüringers an wacher Klugheit, heiterer Lebenskunst und genialischem Humor.

Es wäre noch viel an Einzelzügen nachzutragen, um die Eigenart des Landes zu schildern, das in der Mitte Deutschlands in sich ein Klein-Deutschland darstellt. Das Schicksal des durch Landschaft und Bevölkerung so heiteren Stammgebietes der alten Hermunduren war oft von Tragik beschattet. Im Frieden segensreich, im Kriege gefahrvoll, durchzogen es wichtige Heer- und Handelsstraßen, so daß es immer wieder durch Schlachten und Kriegszüge heimgesucht wurde – seit den Kämpfen des Mittelalters und über die Leiden des Dreißigjährigen Krieges bis hin zur Schlacht bei Jena und weiter bis in unsere Zeit.

Immer wieder haben die Lebenskraft und Lebensfreude der Bevölkerung sich durchgesetzt. Auch liegen die Kräfte und Bodenschätze des Landes, das einst der drittgrößte Industriebezirk Deutschlands war, so verteilt, daß es schwerer zu treffen und herabzudrücken ist als Gebiete, in denen sich die Hauptmasse der Bevölkerung auf große Städte zusammendrängt. Auch darin bewährt sich die Naturhaftigkeit des Landes und seiner Bewohner. Man meint wohl dieses beglückende Motiv, wenn man Thüringen »das grüne Herz Deutschlands« nennt.

Gustav Freytag

Im Jahr 357

Auf der Berghöhe stand an dem Verhau, das die Wälder der Thüringe von den Katten schied, der junge Wächter und hütete den steilen Pfad, welcher aus den Gründen der Katten nach der Höhe führte. Über ihm ragte der Wipfel einer mächtigen Buche, nach beiden Seiten lief der Grenzzaun den Kamm der Berge entlang, in dem dichten Gestrüpp blühten die Brombeeren und die wilde Rose. Der Jüngling trug den Wurfspeer in der Hand, auf dem Rücken am Riemen ein langes Horn, nachlässig lehnte er an dem Baum und horchte auf die Stimme des Waldes, den pickenden Specht oder das leise Rasseln in den Zweigen, wenn sich ein Waldtier durch das Dickicht wand. Zuweilen sah er ungeduldig nach der Sonne und wandte den Blick zurück, wo hinter ihm in ferner Tallichtung Blockhäuser und Gehege für Herdenvieh lagen.

Plötzlich bog er sich vor und lauschte; auf dem Pfad vor ihm klang leiser Fußtritt, durch das Baumland wurde die Gestalt eines Mannes sichtbar, der mit schnellem Schritt zu ihm heraufstieg. Der Wächter drehte den Riemen des Hornes und faßte den Speer zum Wurfe; als der Mann aus dem Gehölz auf den freien Grenzrand trat, rief er ihn an, die Spitze des Wurfspeers entgegenhaltend: »Steh, Waldgänger, und singe den Spruch, der dich von meinem Eisen löst!« Der Fremde schwang sich hinter den letzten Baum seiner Seite, streckte die geöffnete Rechte vor sich hin und sprach hinüber: »Ich grüße dich friedlich, ein Landfremder bin ich, unkundig der Losung.«

Mißtrauisch rief der Wächter ihm entgegen: »Du kommst nicht wie ein Häuptling mit Roß und Gesinde, du trägst nicht den Heerschild eines Kriegers, auch scheinst du nicht ein wandernder Krämer mit Pack und Karren.« Und der Fremde rief zurück: »Weit komme ich her über Berg und Tal, mein Roß verlor ich im Wirbel des Stromes, ich suche das Gastrecht in deinen Höfen.«

»Bist du ein wildfremder Mann, so mußt du harren, bis meine Genossen dir das Land öffnen. Unterdes gib mir Frieden und nimm ihn von mir.«

Die Männer hatten einander mit scharfen Augen beobachtet, jetzt lehnten sie ihre Speere an die Grenzbäume, traten in den freien Raum und boten die Hände. Beim Handschlag prüfte einer des andern Antlitz und Gebärde. Der Wächter blickte mit ehrlicher Bewunderung auf den mächtigen Arm des Fremden, der wenige Jahre älter war als er selbst, auf die feste Haltung und die stolze Miene.

»Nicht mühelos wäre der Schwertkampf mit dir auf grünem Rasen«, sagte er treuherzig, »ich bin fast der längste Mann unserer Metbank, und doch muß ich zu dir hinaufsehen. Sei gegrüßt unter meinem Baum und ruhe, indes ich deine Ankunft verkünde.«

Während der Fremde sorglos der Einladung folgte, hob der Wächter sein Horn an den Mund und blies einen lauten Ruf in die Täler seines Volkes. Die wilden Klänge tönten im Widerhall von den Bergen. Der Wächter schaute nach den Hütten der fernen Lichtung und nickte zufrieden mit dem Kopf, denn um die Häuser wurde eine Bewegung sichtbar; nach kurzer Zeit eilte ein Reiter der Höhe zu. »Nichts über einen starken Hall aus Auerhorn«, sprach er lächelnd und glitt neben dem Fremden in das Heidekraut, während sein schneller Blick den Aushau des Waldes entlang und in das fremde Tal vor ihm flog. »Sprich, Wandrer, ist vielleicht ein Verfolger auf deiner Fährte, oder hast du sonst Krieger im Walde gesehen?«

»Nichts schallt im Walde, als was hineingehört«, versetzte der Fremde, »kein Spürer der Katten achtete auf meinen Pfad seit sechs Nächten und Tagen.«

»Die Söhne der Katten kommen blind zur Welt, wie junge Hunde«, rief der Wächter verächtlich. »Dennoch meine ich, daß du dich gut auf Waldversteck verstehst, wenn du ihre Wachen vermieden hast.«

»Vor mir war Licht, hinter mir Finsternis«, antwortete stolz der Fremde. Der

Wächter sah mit Anteil auf den Mann, in dem gebräunten Antlitz war jetzt deutlich die Erschöpfung zu sehen, der Leib lag schwer gegen den Baumstamm. Eine Weile überlegte der Wächter: »Hattest du die Rache der Katten zu fürchten, so hast du wohl auch tagelang Feuer und Rauch entbehrt und üble Reisekost gefunden, denn der Wald bietet jetzt nicht einmal Beeren und wilde Frucht. Sieh, ich gehöre zur Bank des Häuptlings, nicht weiß ich, ob er dir sein Brot und Salz reichen wird; aber hungernden Mann im Walde mag ich nicht schauen. Nimm und iß aus meinem Ranzen.« Der Wächter griff hinter den Baum, holte eine Tasche von Dachsfell hervor und bot darin Schwarzbrot und Fleisch. Der Fremde sah ihn dankbar an, aber er schwieg. Da hielt ihm der Wächter ein kleines Horn entgegen, öffnete den Holzdeckel und mahnte freundlich: »Nimm auch das Salz, unter dem Baum ist mein Heimwesen, hier bin ich der Wirt.« Der Fremde faßte danach: »Gesegnet sei dir die Gottesgabe, wir sind Freunde.« Er aß kräftig, der Jüngling sah ihm zufrieden zu.

»Wenn die milde Sonne ihre Strahlen durch das Baumlaub sendet, dann ist dein Wächteramt froher Dienst«, begann der Fremde endlich das Gespräch, »wenn aber der Wald tobt in der Sturmnacht, dann bedarf der Waldhüter Mut.«

»Der Grenzrain hier ist den guten Göttern des Volkes geweihet«, versetzte der Wächter, »von beiden Seiten rinnen die heiligen Quellen hinab in die Täler, wir Waldleute aber sind vertraut mit dem Nachtgesang der Bäume.«

»Du bist jung an Jahren«, fuhr der Fremde fort, »dein Herr schenkt dir großes Vertrauen, daß er dem Einsamen die Sorge um die Landesmark überläßt.«

»Es stehen der Männer mehr an dem Grenzzaun«, erklärte der Wächter. »Wir besorgen wenig von einem Einbruch der feindlichen Haufen durch den Bergwald, denn schwer wird es dem Fuß des Fremden, über Fels und Waldbach in die Gehege zu dringen. Aber das Gerücht kündet, daß vor kurzer Zeit ein heißer Krieg an der Römergrenze entbrannt ist zwischen den Alemannen und dem Cäsar, den sie Julianus nennen, und vor zehn Tagen fuhr bei uns zur Nachtzeit das wilde Heer des Gottes durch die Luft – er sah scheu in die Höhe –, seitdem wahren wir die Landesmark.«

Der Fremde wandte das Haupt und blickte jetzt zum erstenmal hinüber nach dem Heimatland seines Gefährten. In vielen Reihen zogen sich die langgeschwungenen Berghöhen hintereinander, querdurch führte ein tiefes Tal, da wo es sich zu der Lichtung erweiterte, glänzte im Sonnenlicht der Schaum des Waldbachs.

»Und jetzt laß mich wissen, Gutgesell, wessen Zeichen du trägst, und wohin deine Weisung mich führt.«

»In allen Tälern, welche dein Auge sieht, und weiter bis in die Ebene hinab, waltet als Häuptling Herr Answald, der Sohn Irmfrieds, welchem auch ich diene.«

»In der Fremde vernahm ich, daß ein großer König über das Volk der Thüringe herrscht, sie nannten ihn König Bisino«, versetzte der Wanderer.

»Du hast das Richtige gehört«, bestätigte der Jüngling. »Aber dies Waldland hier ist frei unter seinem eigenen Herrengeschlecht seit alter Zeit, und der große König des Landes ist zufrieden, daß wir ihm die Grenze hüten und jedes Jahr Rosse an seinen Hof senden. Wenig sorgen wir Waldleute um den König, und unser Herr Answald geht nur selten zu Hofe nach der Königsburg.«

Moritz v. Schwind: Der Schmied von Ruhla,
bei dem Landgraf Ludwig (1140–1172) übernachtete.
Der Gastgeber rief bei seiner Arbeit aus:
»Landgraf! werde hart«, um auf
den gewalttätigen Adel aufmerksam zu machen.
Der Landgraf wurde fortan
»Ludwig der Eiserne« genannt.

Friedrich Rückert

Barbarossa im Kyffhäuser

Der alte Barbarossa,
der Kaiser Friederich,
im unterird'schen Schlosse
hält er verzaubert sich.

Er ist niemals gestorben,
er lebt darin noch jetzt;
er hat im Schloß verborgen
zum Schlaf sich hingesetzt.

Er hat hinab genommen
des Reiches Herrlichkeit,
und wird einst wiederkommen
mit ihr zu seiner Zeit.

Der Stuhl ist elfenbeinern,
darauf der Kaiser sitzt,
der Tisch ist marmelsteinern,
worauf sein Haupt er stützt.

Sein Bart ist nicht von Flachsen,
er ist von Feuersglut,
ist durch den Tisch gewachsen,
worauf sein Kinn ausruht.

Er nickt, als wie im Traume,
sein Aug', halb offen, zwinkt,
und je nach langem Raume
er einem Knaben winkt.

Er spricht im Schlaf zum Knaben:
»Geht hin vor's Schloß, o Zwerg,
und sieh, ob noch die Raben
herfliegen um den Berg.

Und wenn die alten Raben
noch fliegen immerdar,
so muß ich auch noch schlafen
verzaubert hundert Jahr.«

Gustav Schalk

Der Tannhäuser

Wie Tannhäuser in den Venusberg kam

Ein fahrender Sänger aus edlem Stamme war Tannhäuser, wie so viele andere ritterlichen Namens zur Zeit der Hohenstaufenkaiser. Rastlos zog er von Burg zu Burg und fand überall gastliche Aufnahme. An Friedrich von Babenberg gewann er einen treuen Freund und Helfer in der Not; als aber sein Gönner in der Schlacht an der Leitha gefallen war, beschloß er ins Thüringerland zu wandern, wo auf der Wartburg Landgraf Hermann ritterlichen Sängern gern Obdach bot.

Mit Freuden hieß ihn der Fürst willkommen und fand so hohes Wohlgefallen an seinem ritterlichen Gaste, daß er mit ihm umging wie mit einem Freunde und auch nicht scheel dazu sah, wenn Tannhäuser mit seiner Nichte, der Gräfin Elisabeth, in den

Wäldern im Gehege der Burg umherwanderte. Dabei guckte dann der ritterliche Sänger dem Fürstenkinde zu tief in die Augen, sein feuriges Herz wurde von Minne umstrickt, und da er nimmer hoffen durfte, die Hand der Geliebten zu gewinnen, nahm er seinen Wanderstab und verließ ohne Abschied die gastliche Burg.

Ruhelos strich der Unglückliche in den weiten Wäldern umher, verbrachte die Nächte unter den rauschenden Bäumen und ward in seinem Kummer bald so elend, daß er sich den Tod wünschte.

Eines Tages begegnete ihm am Hörselberge ein fahrender Gesell, der sich Klingsor nannte. Er trug einen schwarzen Mantel; schwarz von Farbe waren auch Haupthaar und Bart und schwarz wie die Nacht seine unheimlich flackernden Augen. Sie gingen eine Strecke miteinander und kamen in ein Tal, wo ein wundersames Singen und Klingen ihr Ohr bezauberte. Tannhäuser blieb lauschend stehen, und die Züge seines abgehärmten Antlitzes wandelten sich in seliges Entzücken.

»Wo sind wir hier?« fragte er wie berauscht. »Ist's mir doch, als hörte ich himmlische Musik.«

Da nickte der schwarze Gesell an seiner Seite und sprach: »Wir sind im Reiche der göttlichen Venus. Da drinnen im Hörselberge wohnt die Schöne. Alle Wonnen der Erde bietet sie dem Gaste, der ihr wohlgefällt. Da schmilzt aller Gram des Herzens dahin wie Märzschnee in der Frühlingssonne, da winkt dir Vergessen deines Kummers, da umfängt dich Paradieseslust; selig, wer dort eingehen darf!«

»Wehe! Wehe dem, der dort eingeht!« scholl dahinter eine tiefe Stimme, als käme sie aus dem Grabe. Erschrocken wandte Tannhäuser den Kopf. Am Wege stand ein Greis mit Stab und Pilgertasche, uralten Ansehens.

»Wer seid Ihr?« fragte Tannhäuser betroffen. Der Greis sprach: »Man nennt mich den getreuen Eckart. Einst war ich der Harlungen Hort und Trost zu Breisach am Rhein. Das ist lange, lange her. Nun ziehe ich als Warner durch die Welt, um irrende Menschenkinder vom Wege des Verderbens abzuhalten. Ziehe nicht in den verfluchten

Berg, mein Freund! Fliehe diesen Ort und halte dich fern von hier, sonst ist es um deine Seele geschehen!«

Tannhäusers Augen suchten Klingsor; aber der Schwarze war verschwunden. Da ging er, um dem guten Rate des Alten zu folgen. Lauter, süßer, berauschender erklang nun die Musik aus dem Berge. Seine Schritte wurden immer langsamer, und bald stand er still und lauschte mit entzückten Sinnen. »Fliehe, Unseliger!« rief der Greis.

Der Betörte hörte nicht mehr darauf. »Komm! O komm!« rief eine süße Stimme ihm zu. Der Berg tat sich vor seinen Augen weit auf, alle Herrlichkeiten des Paradieses glaubte er zu schauen, und siehe: auf einem Rosenpfühl ruhte die Göttin der Schönheit und winkte ihm. Da war's vorbei mit seinem Widerstande; abweisend streckte er dem treuen Warner die Hand entgegen; vergessen, versunken war die Welt ringsumher; er schritt den Berg hinan, vernahm mit pochendem Herzen den Willkommensgruß und eilte hinein in das Reich der Lust und Wonne – und des Verderbens.

Hinter ihm schloß sich mit Donnerkrachen die Pforte des Hörselberges, und gesenkten Hauptes setzte Eckart seinen Wanderstab weiter.

Der Sängerkrieg auf der Wartburg

Traurig schritt das Edelfräulein durch die Gemächer der Wartburg und blickte mit sehnsuchtsvollem Herzen weit hinaus in die Lande. Wohl kamen Wanderer des Weges, doch er, den ihr Auge suchte, war nicht unter ihnen. Wochen und Monate vergingen, der ritterliche Sänger kehrte nicht wieder. Da ward ihre Wange bleich und bleicher, und als ihr Oheim sie befragte, gestand sie ihm, daß sie sich um Tannhäuser gräme.

Der Landgraf zürnte der Unglücklichen nicht; mit milden Worten suchte er sie zu trösten. »Auch mir war der ritterliche Sänger ein lieber Freund, ich habe ihn schmerzlich vermißt und sähe ihn wohl gern wieder als trauten Gast in meinem Hause. Und es gibt wohl ein Mittel, ihn herbeizulocken –

soll ich's einmal damit versuchen, mein Kind?«

»Nein, nein!« rief erschrocken die Maid, »ich will und darf ihn nie wiedersehen!«

Lächelnd erwiderte der Landgraf: »Und wenn er nun doch eines Tages hier oben erscheint?«

»Er wird nicht kommen!« versetzte Elisabeth, und von neuem flossen ihre Tränen.

An die berühmtesten Sänger in deutschen Landen erging der Ruf des Landgrafs, nach der Wartburg zu kommen und im Wettstreite miteinander ihre Kunst zu messen.

»Da wird auch Tannhäuser nicht ausbleiben«, sprach bei sich der Landgraf und ließ die hohe Halle der Burg zu dem friedlichen Kampfe schmücken.

Und zahlreich erschienen die Sänger, unter ihnen die beiden ersten Meister in deutschen Landen: Wolfram von Eschenbach und Walther von der Vogelweide. Auch Biterolf fehlte nicht, ebensowenig Heinrich der Schreiber und Reimar von Zweter. Nach einem aber, den der Burgherr und seine Nichte mit Sehnsucht erwarteten, schaute man vergebens aus.

Und doch weilte Tannhäuser zu dieser Frist nicht mehr im Venusberge; entschlossen hatte er sich von der lilienarmigen Göttin, die ihn mit all ihren Verführungskünsten zu bannen suchte, losgerissen und war auf die Oberwelt zurückgekehrt.

Aber war er denn nicht ein Verworfener? In seiner Zerknirschung sank er zu Boden und betete.

Der Klang fröhlicher Männerstimmen schreckte ihn empor, er blickte um sich und sah den Landgrafen, Wolfram von Eschenbach und die andern ritterlichen Sänger jagdgerüstet nahen. Schon hatten sie ihn wahrgenommen. »Tannhäuser!« scholl Wolframs Stimme.

»Sei mir gegrüßt!« rief der Landgraf und streckte ihm seine Hand entgegen. »Wo hast du, Treuloser, so lange geweilt?«

»In weiter, weiter Ferne«, antwortete der schuldbewußte Mann.

»Nun sei alles vergessen und vergeben!« rief der Fürst. »Das Fest des Wettstreites der großen Sänger, das ich um deinetwillen so lange verschoben, kann nun beginnen. Auf, nach der Wartburg!«

Der Tannhäuser
(aus der Manessischen Liederhandschrift)
stammte aus der Oberpfalz und lebte etwa
von 1205–1270, zeitweise am Hofe
Herzog Friedrichs II. von Österreich in Wien.

Tannhäuser stand unschlüssig. Da trat Wolfram von Eschenbach dicht an ihn heran und sagte leise: »Elisabeth erwartet dich, zaudere nicht!«

Die Augen des Gramgebeugten leuchteten auf, er schüttelte alle Bedenken von sich ab und zog mit auf die Wartburg.

Zum Feste kamen die Edlen des Landes mit ihren Frauen; der Saal füllte sich mit erlesenen Gästen; auf dem Hochsitz hatte der Landgraf mit Elisabeth Platz genommen, auf seinen Wink traten vier Edelknaben vor und riefen als ersten der Sänger Wolfram von Eschenbach auf.

Der große Dichter verneigte sich vor dem edlen Kreise, erhob seine Stimme und sang in begeisterten Tönen das Hohelied von der reinen, keuschen Minne, dem Zauberborn alles Guten und Schönen auf Erden.

Ihm folgte der ritterliche Biterolf. Er pries die Liebe als das himmlische Kleinod, für das der Held freudig in Kampf und Tod ginge.

Nun trat Tannhäuser auf. Hoch und kühngemut stand er da und hub an:

Dir, Göttin der Liebe, soll mein Lied ertönen!
Gesungen laut sei jetzt dein Preis von mir!
Dein süßer Reiz ist Quelle alles Schönen,
Und jedes holde Wunder stammt von dir.

Und er wandte sich gegen Wolfram und Biterolf und schmetterte ihnen mit trotziger Verachtung die schlimmen Worte ins Gesicht:

Armsel'ge, die ihr Liebe nie genossen,
Zieht hin, zieht in den Berg der Venus ein!

Eine heftige Bewegung entstand im ganzen Saal, man ballte die Fäuste wider den vermessenen Sänger, man rief nach Waffen, die Schwerter blitzten, selbst der Landgraf riß seine Klinge hervor, und alle drangen auf Tannhäuser ein.

Da – in der höchsten Not – stand vor ihm Elisabeth. Sie streckte ihre Hände den drohenden Schwertern entgegen und rief todbleichen Angesichts: »Die Waffen nieder! Was hat der Schuldige denn euch getan, daß ihr ihn niederschlagen wollt? Mein Herz hat er mit seinem grausigen Bekenntnis durchbohrt, ich aber bitte für sein Leben, auf daß er seine Seele vom ewigen Verderben rette! Du Ärmster« – wandte sie sich an Tannhäuser – »im Venusberg hast du dich in Schuld und Sünde verstrickt. Wehe dir, wenn du nicht reumütig büßest! Als Pilger ziehe hin nach Rom, der Ewigen Stadt, und knie in Zerknirschung zu Füßen des einen, der allein dich entsühnen kann. Ich aber will für deine arme Seele beten.«

Tannhäusers Fahrt nach Rom und seine Rückkehr

Gleich einem Geächteten, Verfemten pilgerte Tannhäuser im härenen Büßergewande durch den Schnee der Alpen und gelangte endlich in die Ewige Stadt. Nach langem Harren fand er endlich Einlaß in den Palast des Papstes und warf sich dem Allmächtigen zu Füßen, bekannte sein schreckliches Vergehen und bat um Vergebung für seine schwere Schuld.

Nach langem Schweigen vernahm er eine Stimme – so hart und kalt wie rauher Wintersturm.

Hast du die böse Lust geteilt,
Dich an der Hölle Glut entflammt,
Hast du im Venusberg geweilt,
So bist du ewig nun verdammt.

Wie dieser Stab in meiner Hand
Nie mehr sich schmückt mit frischem Grün,
Kann aus der Hölle heißem Brand
Erlösung nimmer dir erblühn.

So sprach der heilige Mann, stieß seinen dürren Stecken tief in die Erde und schritt ohne ein Wort des Trostes und der Hoffnung an dem Zerschmetterten vorüber.

Als der Papst ein paar Tage danach wieder an die Stelle kam, wo der deutsche Pilger um Lösung von schwerer Schuld gefleht hatte, blieb er plötzlich betroffen stehen; denn der dürre Stecken, den er zum Zeugnis gerechten Urteils in die Erde gestoßen hatte, trug Blätter und Blüten.

Er eilte in den Palast und sandte seine Diener aus, den deutschen Pilger zu suchen. Man fand ihn nirgends...

Nach dem Hörselberge wanderte Tannhäuser. Schon von fern vernahm sein Ohr süße Musik, und er beschleunigte seine

Schritte, um in das Zauberreich der Minne einzugehen und nie wieder in die kalte Welt, die ihn ausgestoßen, zurückzukehren. Da kam ihm ein einsamer Wanderer entgegen, und mit Schrecken erkannte er Wolfram von Eschenbach.

Der Dichter eilte freudig auf ihn zu und sprach: »Wohin willst du?«

Tannhäuser zeigte nach dem Hörselberge.

»Unseliger!« rief Wolfram klagend. »Weißt du denn nicht, was geschehen ist?«

Schweigend schüttelte Tannhäuser den Kopf.

»So höre«, sagte Wolfram, »dir ist deine Schuld vergeben! Elisabeth, die dich geliebt, ist um deinetwillen gestorben, und Gott hat das teure Liebesopfer angenommen. Pilger sind aus Rom gekommen mit der Botschaft: Der dürre Stecken, den der Papst in die Erde gestoßen, hat Blätter und Blüten getrieben, und der Heilige Vater hat dich von Schuld und Strafe gelöst!«

Da stürzte Tannhäuser auf die Knie nieder und stammelte erschüttert: »Heilige Elisabeth, habe Dank! Habe Dank!«

Ricarda Huch

Die heilige Elisabeth

Unter den deutschen Familien, die wie Sternbilder aus dem Gewimmel der Sterne hervorglänzen, ist die der Grafen von Andechs besonders interessant. Aus den Gaugrafen von Andechs wurden in der zweiten Hälfte des 12. Jahrhunderts Markgrafen von Istrien und Herzöge von Meran, das heißt Dalmatien. Berthold II., ein Fürst von hervorragenden Gaben, hatte zwei Töchter, Gertrud und Hedwig, von denen die erstere den König von Ungarn, Andreas II., die andere einen Herzog von Polen und Schlesien heiratete.

Hedwig nahm sich mit unendlicher Güte der Armen ihres verwilderten Landes an und wurde nach ihrem Tode heiliggesprochen. Ihr Sohn, Herzog Heinrich, warf sich im Jahre 1241 den eindringenden Tataren entgegen und fiel in der furchtbaren Schlacht bei Liegnitz. Gertruds Tochter war die heilige Elisabeth. Bertholds zweiter Sohn, Otto II., dem die Stadt Innsbruck ihre Blüte verdankt, erhielt in der Geschichte seines Landes den Beinamen der Große; mit seinem Sohne Otto starb die Familie aus, die ihren Ursprung auf Karl den Großen zurückführte. Wie es oft der Fall ist, verklärte das Geschlecht sich selbst in seinen letzten Sprossen. Das Schwanenlied der Grafen von Andechs war Opfergesang: Sie neigten sich zu den Tiefen des Volkes zurück, über das sie sich hoch erhoben hatten.

Wir wissen nicht, ob Elisabeth sich aus Mitleid für die Armen und Kranken dem Dienst der Unglücklichen widmete oder ob aus Liebe zu Gott und um seinen heiligen Willen zu erfüllen; wahrscheinlich ging beides ineinander über. Sie war von Natur heiter, lachte und tanzte gern, sie liebte ihren Mann und ihre Kinder, vielleicht war der Drang, sich des Lebens zu erfreuen, besonders stark in ihr; aber zugleich lagen ihr die Werke der Barmherzigkeit im Sinn, die Gott fordert: die Hungernden zu speisen, die Dürstenden zu tränken, die Gefangenen zu trösten, die Nackten zu kleiden. Die Kunde von dem, was der heilige Franziskus in Italien tat und predigte, verstärkte die ihr angeborene Neigung, sich ihres Glückes wie eines Raubes zu schämen.

Das größte ihr beschiedene Glück war, einen Mann zu haben, der sie liebte und kannte. Sie waren zusammen aufgewachsen, und es war etwas von der zarten Süße geschwisterlicher Selbstverständlichkeit in ihrer Liebe. Er behütete sie, und sie ruhte vertrauensvoll in seiner Güte. Wenn andere ihn besorgt machen wollten, weil sie mit vollen Händen austeilte, beschwichtigte er lächelnd: wenn ihm nur die Wartburg und die Neuenburg blieben. Auf der Wartburg wohnte das junge Paar, und wenn sie die Armen besuchte, so stieg sie wirklich hinunter in das Schattental. Zuweilen bedrängte das Glück ihr Gewissen: War nicht der Ruf an sie ergangen, sich ganz Gott hinzugeben? Wenn sie von der Hungersnot hörte, die im Thüringer Lande war, wenn sie die vielen Bettler sah, aus deren Zügen die Not sprach, dachte sie, daß der Herr sagen würde: Ich

Moritz v. Schwind: Die Landgräfin Elisabeth
verläßt die Wartburg.

war bei euch, und ihr habt mich nicht gespeist, ich klopfte an eure Tür, und ihr habt mir nicht aufgetan.

Wie wenn der Himmel ihrer Gewissensqual zu Hilfe kommen wollte, nahm er ihr das Glück: Ludwig, der menschliche und kluge Fürst, starb in Italien, wohin er gegangen war, um an Kaiser Friedrichs Kreuzzuge teilzunehmen. Seitdem war sie heimatlos auf Erden, sie wollte nichts mehr als ihr Leben verströmen. Der ihr angeborene Opferdrang mischte sich mit der Sehnsucht nach dem Drüben, wohin ihr Bruder und Gatte vorangegangen war. Sie verließ die Wartburg und begab sich, nachdem sie der Bestattung des Verstorbenen in Reinhardtsbrunn beigewohnt hatte, nach Marburg, wo ihr Witwensitz war.

Daß sie vertrieben worden sei, wird für legendarische Erfindung gehalten; gewiß ist, daß Sophie von Bayern, die zweite Frau des Landgrafen Hermann, eine fromme Frau war, die Verständnis für die Religiosität der jungen Gattin ihres Stiefsohns hatte. Zu Lebzeiten ihres Mannes gründete Elisabeth am Fuße der Wartburg ein kleines

Spital, in dem zwanzig Kranke verpflegt werden konnten, die sie täglich besuchte. Nun ließ sie in Marburg gleichfalls ein Spital bauen und widmete sich ganz der Krankenpflege.

Der Dominikaner Konrad von Marburg, der schon früher ihr Beichtvater gewesen war und dem sie geistlichen Gehorsam gelobt hatte, übernahm ihre Leitung und soll die Maßlosigkeit ihres Opferwillens eher gedämpft als gesteigert haben. Während sie, was sie an Geld besaß, sofort verschwenden wollte, erinnerte er sie daran, daß das Geld sie instand setze, Gutes zu tun; andererseits empfahl er ihr, von ihrem Schwager nur anzunehmen, was rechtmäßig erworben sei. Indessen ist doch anzunehmen, daß das Gewaltsame seines Geistes sie beherrschte und antrieb. Die Zeitgenossen verdächtigten sie eines Liebesverhältnisses mit Konrad; der Gedanke lag nah in einer Zeit, wo die sinnlichen Leidenschaften sich zügellos austobten und wo man den auf ihre Heiligkeit pochenden Geistlichen doppelt gern heimliche Ausschweifungen zutraute, bedarf aber kaum der Widerlegung.

Nachdem sie sich ihrer Kinder beraubt und auch die jungen Mädchen, die ihr seit der Kindheit Dienerinnen und Freundinnen gewesen waren, verabschiedet hatte, um alles, was ihr Glück ausgemacht hatte, zu opfern und nichts zu tun, als was der menschlichen Natur widerstrebt, fremden, oft widerlich entstellten, oft verbitterten und bösartigen Kranken zu dienen, blieb ihr nur noch übrig zu sterben. Sie war 24 Jahre alt, als sie im Jahre 1231 starb, wie die Legende erzählt, ein süß tönendes Lied auf den Lippen.

Schon nach einigen Jahren wurde sie heiliggesprochen, und Kaiser Friedrich II. ging nach Marburg, wo ihre Gebeine in einen goldenen Reliquienschrein gelegt wurden. Unter einem ungeheuren Zulauf von Menschen setzte er mit eigener Hand die Überwinderkrone auf das entseelte Haupt. Die Sage hat den Kaiser und die Heilige auch dadurch zusammengebracht, daß sie ihn nach dem Tode des Landgrafen um ihre Hand bitten ließ, die sie ausgeschlagen habe. Die zur Herrin im Himmel erkoren war, verschmähte es, Herrin der Welt zu sein.

Sigfried Asche

Luther auf der Wartburg

Der 18. April 1521 hatte in Worms die Entscheidung gebracht. Der Kaiser war nicht bereit gewesen, irgendeiner kirchlichen Reform im Reich zuzustimmen, und Luther widerrief nichts, »dieweils es nicht geraten ist, gegen das Gewissen etwas zu tun«. Durch dieses entscheidende Bekenntnis waren die sich noch anschließenden Wormser Verhandlungen nur diplomatische Versuche, und Luther konnte am 26. April die Stadt verlassen. Er fuhr im Schutze des Reiches: Caspar Sturm, der Reichsherold, geleitete die beiden Reisewagen. Luther hatte seinen juristischen Beistand Dr. Schurff, seine Freunde Justus Jonas, Nikolaus Amsdorf, den Ordensbruder Petzensteiner und einen Studenten Peter Suaven bei sich. Die Fahrt ging über Oppenheim nach Frankfurt. Dort schrieb er seinem Freunde Cranach, dem Wittenberger Maler, einen oft zitierten Brief, in dem er den Seinen mitteilte, daß er sich verbergen lassen werde, wohin, wisse er selber nicht. »Es muß eine kleine Zeit geschwiegen und gelitten sein... ein wenig seht ihr mich nicht...« Er wußte also, sicher von des sächsischen Kurfürsten Rat Spalatin, daß Friedrich ihn »eintun lassen« werde. Aber niemand sonst ahnte, wohin der Wittenberger Professor verborgen werden würde, auch der Kurfürst nicht. Der hatte seinen guten Grund, sich Luthers Aufenthalt nicht nennen zu lassen. Er wollte auf die zu erwartenden Fragen freimütig antworten können, daß er nicht wisse, wo Luther sei.

Von Frankfurt ging es auf Thüringen zu. In Friedberg entließ Luther den Reichsherold, und am 30. April rollten die Wagen gen Hersfeld. Am 2. Mai kam Luther des Abends in seiner »lieben Stadt«, in Eisenach, an. Am 3. Mai früh predigte er in der Georgenkirche vor vielem Volks und zog dann seine Straße nach Gotha hinaus. Bald hinter Eisenach entließ er Jonas und Suaven. Mit

Amsdorf und Petzensteiner fuhr er nun nach Möhra zu seiner Sippe. Am kommenden Morgen predigte er auch hier unter der Dorflinde und zog in der Richtung auf Waltershausen weiter. Dort, dicht unter der Burg Altenstein, geschah es, daß vier Reiter aus dem Gebüsch herausbrachen, den Wagen zum Halten zwangen und nach Namen und Ziel fragten. Petzensteiner rannte fort, Amsdorf stellte sich wütend, Luther aber nahm die hebräische Bibel und sein griechisches Testament. So ließ er sich, unsanft zwar, wie es bei solchem Überfall hergehen mag, auf ein Pferd setzen. Der Kutscher rollte mit dem nun doch sorgenvollen Amsdorf ab und konnte allen erzählen, Luther sei entführt worden. Der aber ritt auf Umwegen zur Wartburg, und hier empfing ihn der Burghauptmann Hans von Berlepsch.

Die unerhörten Anspannungen der vergangenen Jahre, Wochen und Tage brachen nun in der ungewohnten Stille über ihn herein: Luther war völlig niedergeschlagen. Berlepsch, der um seinen Schutzbefohlenen rührend besorgt war, mußte ihn nun auch noch in ein gänzlich anderes Leben hineinzwingen; ritterlich die Kleidung, ritterlich ein Bart und die Haartracht, ritterlich der Deckname »Junker Jörg«. Das alles sollte Luther unkenntlich machen. Auch ein Schwert mußte er tragen lernen. Aber, noch zur Zeit, da er sich schon freier bewegen durfte, griff dieser Junker, wo es nur irgend möglich war, zu einem Buch. Solch unstandesgemäßes Betragen mußte ihm oft verwehrt werden. Oder er begann gar, geistliche Brüder nach Luthern auszufragen – es mag den Beschützern schwer geworden sein, ihn wirklich zu schützen! Was war das für ein Junker, der auf der Jagd einen Junghasen im Ärmel zu bergen suchte und sich gefallen lassen mußte, daß

Lucas Cranach der Ältere: Martin Luther als Junker Jörg

die eifrigen Hunde ihn durch das Tuch hindurch totbissen!

Wie sein Benehmen, so kam auch sein Körper schwer genug in die ritterliche Laufbahn hinein; er war die schmale Augustinersuppe gewohnt und mußte jetzt derbe Ritterkost nach Jägerart aufnehmen, mußte reichlich tafeln und trinken und saß doch sonst, dem ganz unangemessen, über seinen Schreibtischarbeiten! Die Leibesübel setzten ihm fürchterlich zu. Beinahe wäre er nach Erfurt gereist, wenn nicht der kurfürstliche Rat Spalatin ihm Pillen gesandt hätte.

Es ist für den Menschen des 20. Jahrhun-

Der Wartburg-Palas
im 19. Jahrhundert (1953/54 verändert)

derts ein kaum faßbar Ding, an Teufelsspuk zu glauben. Der mittelalterliche Mensch aber, dem ja nicht nur die vielen Symbole lebendige Wirklichkeit waren, dessen Vorstellungsgabe auch undeutbare Zeichen und Mächte mit eigener Deutung zu erfüllen und so unmittelbar zu erleben vermochte, war auch in Luther noch gegenwärtig. Geräusche im Burggemäuer, vom Sturm oder von Tieren erzeugt, trafen ihn, der in jener Erlebniswelt fest verwurzelt war, und beunruhigten sein Gemüt tief. So vernahm er Lärm, als ob ein Schock Fässer die Holzstiegen hinabpolterte, die Haselnüsse in seiner Kiste wurden lebendig, ja in einem Hund wollte er dem Teufel leibhaftig gesehen haben. »Ich bin ein wunderlicher Gefangener«, schrieb er selber. Und er schrieb wahrhaftig viel. Trotz allem. Luthers unerhörter Arbeitseifer ist bekannt. Alleine von der sehr umfangreichen Korrespondenz, die er mit vielen Freunden pflegte, sind 45 Briefe erhalten.

Mitten in diesen Arbeiten übermannte ihn die Unruhe um sein Werk allzuoft. Als er erfuhr, daß der Kardinal-Erzbischof Albrecht von Mainz, einer der mächtigsten und landreichsten Kirchenfürsten, wiederum mit Reliquienausstellungen beginnen wollte, da entstand eine Flugschrift, die an beißender Schärfe und Grobheit ihresgleichen, sogar bei dem als derb bekannten Reformator, sucht. Tatsächlich erhielt der vogelfreie, gebannte Mönch von seinem alten Gegner, der ja seinerzeit den Anlaß zu Luthers Thesen gegeben hatte, ein wahrhaftig demütiges Schreiben, in dem ihm die Einstellung solcher Geschäfte zugesichert wurde. Als Luther aber spürte, daß in Wittenberg die Macht Karlstadts zunahm, und als er erkannte, daß sein Werk auf andere Wege abzuschwenken drohte, da ritt Junker Jörg in drei Tagen gen Wittenberg und sprach mit den Seinen. Man hat ihn außerhalb des engsten Freundeskreises nicht erkannt. Als er am 12. Dezember wieder auf der Wartburg eintraf, hatte er einen Auftrag, in dem ihn der Rat seiner Freunde bestärkt hatte. Die Übersetzung der Bibel lag ihm schon lange am Herzen, und nun entstand tatsächlich in rund zehn Wochen die Verdeutschung des Neuen Testaments.

Er gebrauchte dazu die Sprache der obersächsischen Kanzlei. Aber diese Kanzleisprache, obwohl sie eine allgemein verständliche Schriftsprache war, hätte Luther nicht einfach übernehmen können. Er sagte ja selber, daß er dem gemeinen Mann aufs Maul gesehen habe, daß er schreibe, wie die Mutter im Hause mit dem Kinde spreche. Er schrieb also in »lebendiger Muttersprache«. Er bannte das Leben, nicht die abgezogenen Begriffe in sein Werk. Deshalb war es möglich, daß sich endlich jeder jubelnd in den Worten Luthers wiederfand und daß nun auch jeder Deutsche jeden Deutschen zu verstehen vermochte. So also hatte man in Luthers Werk das feste, einigende Band im Wort gefunden.

Nach dieser Tat blieb Luther nicht mehr auf der Wartburg. Er war voller Unruhe um den rechten Fortgang seines Werks; er hörte diese und jene Gerüchte von Übereifrigen, von Propheten. An Spalatin schrieb er noch im Januar, daß er wegen der damals sogenannten »Zwickauer Propheten« die Burg nicht verlassen werde. Der Kurfürst möge dort nur ja nicht mit Härte eingreifen. Den

Ausschlag zum Weggang von der Burg gab der Ruf der Stadt Wittenberg, die Luthers Rat und Hilfe begehrte. So entschloß er sich zurückzukehren, und teilte es am 24. Februar in einem kurzen Briefe eilends dem Kurfürsten mit. Dieser aber hätte es gerne gesehen, wenn Luther noch verborgen geblieben wäre. Er ließ ihm deshalb durch einen Abgesandten am 28. Februar mitteilen, er möge doch noch bleiben. Luther aber ritt dennoch am 1. März aus seiner »Einsiedelei« fort.

P.S.: Luther hat auf der Wartburg kein Tintenfaß an die Wand geworfen. Aber sein Wort, daß er den Teufel mit der Tinte, also mit seinen Schriften, bekämpfe, mag der innere Grund dafür gewesen sein, daß man das Zeugnis dieses vermeintlichen Kampfes suchte, und man scheint es wirklich gefunden zu haben in jenen klecksigen dunkelbraunen Glanzrußflecken, die in der Nähe jedes Kamins vorhanden waren und die man noch heute auch in der Wartburg finden kann. Seit dem Ende des 17. Jahrhunderts ist dieser Tintenfleck bekannt, und selbst die Tatsache, daß auch andere Lutherstätten Tintenflecke haben, darf nicht darüber hinwegtäuschen, daß hier die Mentalität des 17. Jahrhunderts ganz ernsthaft und zumindest im Falle der Wartburg ohne die Absicht des Betruges oder des Scherzes eine Legende erfand und zu erleben vermochte. Das Wort Luthers, hinter dem sein echtes Temperament hervorleuchtet, und ein Glanzrußfleck sind der äußere Anlaß für eine Legende des 17. Jahrhunderts, die schließlich, unverstanden, in einer späten Touristensensation endete. S. A.

Zug der Studenten von zwölf deutschen Universitäten am 18. Oktober 1817 auf die Wartburg, um der Reformation von 1517 und der Leipziger Völkerschlacht von 1813 zu gedenken.

Friedrich von Schiller

Herzog von Alba zu Rudolstadt

Eine teutsche Dame aus einem Hause, das schon ehedem durch Heldenmut geglänzt und dem Teutschen Reich einen Kaiser gegeben hat, war es, die den fürchterlichen Herzog von Alba durch ihr entschlossenes Betragen beinahe zum Zittern gebracht hätte. Als Kaiser Karl V. im Jahr 1547 nach der Schlacht bei Mühlberg auf seinem Zuge nach Franken und Schwaben auch durch Thüringen kam, wirkte die verwitwete Gräfin Katharina von Schwarzburg, eine geborne Fürstin von Henneberg, einen Sauve-Garde-Brief bei ihm aus, daß ihre Untertanen von der durchziehenden spanischen Armee nichts zu leiden haben sollten.

Dagegen verband sie sich, Brot, Bier und andre Lebensmittel gegen billige Bezahlung aus Rudolstadt an die Saalbrücke schaffen zu lassen, um die spanischen Truppen, die dort übersetzen würden, zu versorgen. Doch gebrauchte sie dabei die Vorsicht, die Brücke, welche dicht bei der Stadt war, in der Geschwindigkeit abbrechen und in einer größern Entfernung über das Wasser schlagen zu lassen, damit die allzu große Nähe der Stadt ihre raublustigen Gäste nicht in Versuchung führte. Zugleich wurde den Einwohnern aller Ortschaften, durch welche der Zug ging, vergönnt, ihre besten Habseligkeiten auf das Rudolstädter Schloß zu flüchten.

Mittlerweile näherte sich der spanische General, von Herzog Heinrich von Braunschweig und dessen Söhnen begleitet, der Stadt und bat sich durch einen Boten, den er voranschickte, bei der Gräfin von Schwarzburg auf ein Morgenbrot zu Gaste. Eine so bescheidene Bitte, an der Spitze eines Kriegsheers getan, konnte nicht wohl abgeschlagen werden. Man würde geben, was das Haus vermöchte, war die Antwort; Seine Exzellenz möchten kommen und vorlieb nehmen. Zugleich unterließ man nicht, der Sauve-Garde noch einmal zu denken und dem spanischen General die gewissenhafte Beobachtung derselben ans Herz zu legen.

Ein freundlicher Empfang und eine gut besetzte Tafel erwarten den Herzog auf dem Schlosse. Er muß gestehen, daß die thüringischen Damen eine sehr gute Küche führen und auf die Ehre des Gastrechts halten. Noch hat man sich kaum niedergesetzt, als ein Eilbote die Gräfin aus dem Saal ruft. Es wird ihr gemeldet, daß in einigen Dörfern unterwegs die spanischen Soldaten Gewalt gebraucht und den Bauern das Vieh weggetrieben hätten. Katharina war eine Mutter ihres Volks; was dem Ärmsten ihrer Untertanen widerfuhr, war ihr selbst zugestoßen. Aufs äußerste über diese Wortbrüchigkeit entrüstet, doch von ihrer Geistesgegenwart nicht verlassen, befiehlt sie ihrer ganzen Dienerschaft, sich in aller Geschwindigkeit und Stille zu bewaffnen und die Schloßpforten wohl zu verriegeln; sie selbst begibt sich wieder nach dem Saale, wo die Fürsten noch bei Tische

Wappen von Schwarzburg

sitzen. Hier klagt sie ihnen in den beweglichsten Ausdrücken, was ihr eben hinterbracht worden, und wie schlecht man das gegebene Kaiserwort gehalten. Man erwidert ihr mit Lachen, daß dies nun einmal Kriegsgebrauch sei und daß bei einem Durchmarsch von Soldaten dergleichen kleine Unfälle nicht zu verhüten stünden.

»Das wollen wir doch sehen«, antwortete sie aufgebracht. »Meinen armen Untertanen muß das Ihrige wieder werden, oder, bei Gott!« – indem sie drohend ihre Stimme anstrengte, *»Fürstenblut für Ochsenblut!«* Mit dieser bündigen Erklärung verließ sie das Zimmer, das in wenigen Augenblicken von Bewaffneten erfüllt war, die sich, das Schwert in der Hand, doch mit vieler Ehrerbietigkeit, hinter die Stühle der Fürsten pflanzten und das Frühstück bedienten. Beim Eintritt dieser kampflustigen Schar veränderte Herzog Alba die Farbe; stumm und betreten sah man einander an. Abgeschnitten von der Armee, von einer überlegenen handfesten Menge umgeben, was blieb ihm übrig, als sich in Geduld zu fassen und, auf welche Bedingungen es auch sei, die beleidigte Dame zu versöhnen?

Heinrich von Braunschweig faßte sich zuerst und brach in ein lautes Gelächter aus. Er ergriff den vernünftigen Ausweg, den ganzen Vorgang ins Lustige zu kehren, und hielt der Gräfin eine große Lobrede über ihre landesmütterliche Sorgfalt und den entschlossenen Mut, den sie bewiesen. Er bat sie, sich ruhig zu verhalten, und nahm es auf sich, den Herzog von Alba zu allem, was billig sei, zu vermögen. Auch brachte er es bei dem letztern wirklich dahin, daß er auf der Stelle einen Befehl an die Armee ausfertigte, das geraubte Vieh den Eigentümern ohne Verzug wieder auszuliefern. Sobald die Gräfin von Schwarzburg der Zurückgabe gewiß war, bedankte sie sich aufs schönste bei ihren Gästen, die sehr höflich von ihr Abschied nahmen.

Ohne Zweifel war es diese Begebenheit, die der Gräfin Katharina von Schwarzburg den Beinamen der Heldenmütigen erworben. Man rühmt noch ihre standhafte Tätigkeit, die Reformation in ihrem Lande zu befördern, die schon durch ihren Gemahl,

Graf Heinrich XXXII., darin eingeführt worden, das Mönchswesen abzuschaffen und den Schulunterricht zu verbessern. Vielen protestantischen Predigern, die um der Religion willen Verfolgungen auszustehen hatten, ließ sie Schutz und Unterstützung angedeihen. Unter diesen war ein gewisser Kaspar Aquila, Pfarrer zu Saalfeld, der in jüngern Jahren der Armee des Kaisers als Feldprediger nach den Niederlanden gefolgt war und, weil er sich dort geweigert hatte, eine Kanonenkugel zu taufen, von den ausgelassenen Soldaten in einen Feuermörser geladen wurde, um in die Luft geschossen zu werden; ein Schicksal, dem er noch glücklich entkam, weil das Pulver nicht zünden wollte.

Herzog von Alba

Jetzt war er zum zweitenmal in Lebensgefahr, und ein Preis von 5000 Gulden stand auf seinem Kopfe, weil der Kaiser auf ihn zürnte, dessen Interim er auf der Kanzel schmählich angegriffen hatte. Katharina ließ ihn, auf die Bitte der Saalfelder, heimlich zu sich auf ihr Schloß bringen, wo sie ihn viele Monate verborgen hielt und mit der edelsten Menschenliebe seiner pflegte, bis er sich ohne Gefahr wieder sehen lassen durfte. Sie starb allgemein verehrt und betrauert im 58. Jahr ihres Lebens und im 29. ihrer Regierung. Die Kirche zu Rudolstadt verwahrt ihre Gebeine.

Malcolm Boyd

Die Bachs aus Ungarn

Die barocke Ästhetik schätzte handwerkliches Geschick höher als Originalität (oder betrachtete es zumindest als ihre Voraussetzung); dies führte dazu, daß sich Musikerdynastien entwickeln konnten, für die die Scarlattis in Italien, die Couperins in Frankreich und die Purcells in England herausragende Beispiele sind. In eine solche Familie wurde Johann Sebastian Bach 1685 geboren. Sie hatte schon drei oder vier Generationen lang Thüringen mit einigen der besten Musiker versorgt; dadurch hatte sich der Name »Bach« in musikalischen Kreisen derart verbreitet, daß er vielerorts gleichbedeutend mit »Musiker« geworden war.

Johann Sebastian Bachs Bewußtsein für diese Familientradition und der Stolz, den er für sie empfand, läßt sich anhand der unschätzbaren Genealogie »Ursprung der musicalisch-Bachischen Familie« ermessen, die er 1735 zusammengetragen hat. Von seinem Sohn Carl Philipp Emanuel 1774/75 auf den neuesten Stand gebracht, läßt sich mit ihr die musikalische Familiengeschichte über sechs Generationen zurückverfolgen bis zu einem gewissen Veit (oder Vitus) Bach, einem »Weißbecker«, der wegen religiöser Verfolgung seine ungarische Heimat verlassen und sich in Wechmar bei Gotha ein neues Zuhause aufgebaut hatte. Der Genealogie zufolge spielte Veit gerne auf der Cister, die »er auch mit in die Mühle genommen, und unter währendem Mahlen darauf gespielet«. Dieser Veit, gestorben vor 1578, ist häufig mit einem anderen Veit Bach, einem jüngeren Mitglied der Familie, verwechselt worden, der 1619 kinderlos starb.

Einer der beiden älteren Söhne von Veit Bach d. Ä., Lips (Philipp), ist der Stammvater des Meininger Familienzweigs, dessen berühmtester Sproß Johann Ludwig (1677–1731) ist. Johann Sebastian Bach war ein Nachfahre des anderen Sohnes, Johannes, der wie sein Vater Bäcker und außerdem

Stadtpfeifer war. Von Johannes (um 1550–1626) geht die Ahnenreihe über Christoph (1613–1661, Hof- und Stadtmusicus in Weimar, Erfurt und Arnstadt) zu Johann Ambrosius (1645–1695), dem Vater von Johann Sebastian.

Johann Ambrosius und sein Bruder Johann Christoph waren die ersten in einer Folge von Zwillingen in der Familie Bach; sie ähnelten einander in ihrem Aussehen und Auftreten so sehr, daß, wie Carl Philipp

Denkmal Johann Sebastian Bachs in seiner Geburtsstadt Eisenach

Emanuel Bach in der Genealogie bemerkte, »so gar ihre Frauen sie nicht unterscheiden konnten«. Mehr als 25 Jahre lebten die beiden nah beieinander; in dieser Zeit waren 1661 ihre Eltern gestorben, und drei Jahre später hatten die Truppen des Mainzer Erzbischofs Johann Philipp Erfurt belagert. 1671 trennten sich ihre Wege: Johann Christoph wurde Hofmusiker in Arnstadt, Johann Ambrosius »Hausmann« (= Stadtpfeifer) in Eisenach.

Ohne Zweifel war es für Johann Ambrosius bei seiner Bewerbung nach Eisenach eine Hilfe, daß einer seiner Vettern, ein anderer Johann Christoph (1642–1703), dort seit sechs Jahren als Organist an der bedeutenden Georgenkirche und als Organist und Cembalist am Hofe Herzog Johann Georgs I. von Sachsen-Eisenach lebte. Johann Christoph war als Musiker wegen seiner technischen Fähigkeiten und seines Einfallsreichtums hochgeachtet; er war der talentierteste Komponist in der Familie Bach vor Johann Sebastian, in dessen früher musikalischer Erziehung er vielleicht eine wichtige Rolle gespielt hat. Aber mit seinem widerspenstigen Wesen machte er sich eine Menge Feinde, und so hat es den Anschein, daß Johann Ambrosius bei den Eisenacher Bürgern und sicher auch bei den Stadtvätern in höherem Ansehen stand als sein Vetter.

Zu Johann Ambrosius' Dienstpflichten als Hausmann gehörte das Choralblasen vom Rathausturm zweimal am Tag, wobei er wohl Trompete gespielt hat, und die Mitwirkung bei der Figuralmusik in Sonn- und Feiertagsgottesdiensten als Geiger oder Bratscher; weitere Aufgaben kamen auf ihn zu, als er 1677 Mitglied der Hofkapelle wurde. Offensichtlich hatte er als Musiker einige Fähigkeiten, denn als er 1684 einem Ruf zurück nach Erfurt Folge leisten wollte, weigerten sich seine Vorgesetzten, ihn davonziehen zu lassen.

1668, drei Jahre bevor er sich in Eisenach niederließ, hatte Johann Ambrosius sich mit Maria Elisabetha Lämmerhirt verheiratet, deren Familie schon einmal eine Eheverbindung mit den Bachs eingegangen war: Ihre Halbschwester Hedwig war die zweite Frau von Johann Ambrosius' Onkel, dem Erfurter Stadtpfeifer und Organisten Johann Bach (1604–1673). Bevor das Paar von Erfurt nach Eisenach zog, hatte es schon einen Sohn begraben müssen und einen zweiten getauft. Sechs weitere Kinder kamen in Eisenach zur Welt, von denen Johann Sebastian das jüngste war, geboren am 21. März 1685; zwei Tage später wurde er am Taufstein der altehrwürdigen Georgenkirche getauft.

Den Namen Sebastian bekam er von einem seiner Paten, dem Gothaer Hausmann Sebastian Nagel. Sein erster Name ist derselbe wie bei seinem anderen Paten, Johann Georg Koch, einem Forstbediensteten aus Eisenach; Johann war aber zu der Zeit einer der häufigsten Namen in Deutschland, zumal bei den Bachs: Alle sechs Söhne von Johann Ambrosius hießen Johann, ebenso die vier von seinem Zwillingsbruder Johann Christoph, und auch in der übrigen Familie gab es unzählige Johanns und Johannas.

Johann Wolfgang von Goethe

Die Lustigen von Weimar

Donnerstags nach Belvedere,
Freitags gehts nach Jena fort:
Denn das ist, bei meiner Ehre,
doch ein allerliebster Ort!
Samstags ists, worauf wir zielen,
Sonntags rutscht man auf das Land;
Zwäzen, Burgau, Schneidemühlen
sind uns alle wohlbekannt.

Montag reizet uns die Bühne,
Dienstag schleicht dann auch herbei,
doch er bringt zu stiller Sühne
ein Rapuschchen frank und frei.
Mittwoch fehlt es nicht an Rührung,
denn es gibt ein gutes Stück.
Donnerstag lenkt die Verführung
uns nach Belveder' zurück.

Und so schlingt ununterbrochen
immer sich der Freudenkreis
durch die zwei und fünfzig Wochen,
wenn mans recht zu führen weiß,
Spiel und Tanz, Gespräch, Theater,
sie erfrischen unser Blut;
laßt den Wienern ihren Prater –
Weimar, Jena, da ists gut!

Die Herzoginnen Anna Amalia (rechts)
und Luise von Sachsen-Weimar-Eisenach
(zweite von links) mit
ihren Hofdamen im Park von Belvedere.

Johann Christian Mahr

Goethe auf dem Kickelhahn

Am 26. August 1831 gegen Abend traf Goethe mit seinen beiden Enkeln und Bedienung im Gasthofe zum Löwen hier in Ilmenau ein. Er hatte mir seine Ankunft gleich melden und mich, ihn zu besuchen, bitten lassen. Nach mehreren Erkundigungen, ob nicht wieder etwas in geognostischer Beziehung Merkwürdiges vorgekommen sei, fragte er dann: ob man wohl bequem zu Wagen auf den Kickelhahn fahren könne; er wünsche das auf dem Kickelhahn befindliche, ihm von früherer Zeit her sehr merkwürdige Jagdhäuschen zu sehen, und daß ich ihn auf dieser Fahrt begleiten möge.

Also fuhren wir beim heitersten Wetter auf der Landstraße über Gabelbach. Ganz bequem waren wir so bis auf den höchsten Punkt des Kickelhahns gelangt, als er ausstieg, sich erst an der kostbaren Aussicht auf dem Rondell ergötzte, dann über die herrliche Waldung freute. – Hierauf fragte er: »Das kleine Waldhaus muß hier in der Nähe sein. Ich kann zu Fuß dahin gehen, und die Chaise soll hier solange warten, bis wir zurückkommen.« Wirklich schritt er rüstig durch die auf der Kuppe des Berges ziemlich hoch stehenden Heidelbeersträucher hindurch bis zu dem wohlbekannten, zweistöckigen Jagdhause, welches aus Zimmerholz und Bretterbeschlag besteht.

Eine steile Treppe führt in den oberen Teil desselben; ich erbot mich, ihn zu führen, er aber lehnte es mit jugendlicher Mun-

Nachbildung des alten Jagdhauses auf dem Kickelhahn bei Ilmenau

terkeit ab, ob er gleich tags darauf seinen zweiundachtzigsten Geburtstag feierte, mit den Worten: »Glauben Sie ja nicht, daß ich die Treppe nicht steigen könnte; das geht mit mir noch recht sehr gut.« Beim Eintritt in das obere Zimmer sagte er: »Ich habe in früherer Zeit in dieser Stube mit meinem Bedienten im Sommer acht Tage gewohnt und damals einen kleinen Vers hier an die Wand geschrieben. Wohl möchte ich diesen Vers nochmals sehen, und wenn der Tag darunter vermerkt ist, an welchem es geschehen, so haben Sie die Güte, mir solchen aufzuzeichnen.« Sogleich führte ich ihn an das südliche Fenster der Stube, an welchem links mit Bleistift geschrieben steht:

Über allen Gipfeln
Ist Ruh,
In allen Wipfeln
Spürest du
Kaum einen Hauch;
Die Vögelein schweigen im Walde.
Warte nur, balde
Ruhest du auch.

D. 7. September 1780.

Goethe überlas diese wenigen Verse, und Tränen flossen über seine Wangen. Ganz langsam zog er sein schneeweißes Taschentuch aus seinem dunkelbraunen Tuchrock, trocknete sich die Tränen und sprach in sanftem, wehmütigem Ton: »Ja, warte nur, balde ruhest du auch!« schwieg eine halbe Minute, sah nochmals durch das Fenster in den düstern Fichtenwald und wendete sich darauf zu mir mit den Worten: »Nun wollen wir wieder gehen.«

Ruth Rahmeyer

Die Schwiegertochter

Ottilie von Goethe nahm Abschied vom Schwiegervater. Seit zwei Stunden hatte diesen das Bewußtsein verlassen. Nun, halbzwölf Uhr mittags, am 22. März [1832], »drückte sich der Sterbende bequem in die linke Ecke des Lehnstuhls, und es währte lange, ehe den Umstehenden einleuchten wollte, daß Goethe ihnen entrissen sei. So machte ein ungemein sanfter Tod das Glücksmaß eines reich begabten Daseins voll.«

Mit diesen Worten schloß Hausarzt und Hofmedicus Dr. Vogel seinen offiziellen Bericht anläßlich des Todes von Johann Wolfgang von Goethe.

Aus Ottilies Gesicht wich die Anspannung. Sie stürzte aus dem Zimmer, einer Freundin entgegen, der sie um den Hals fiel. »Und das nennen die Leute leicht sterben!«

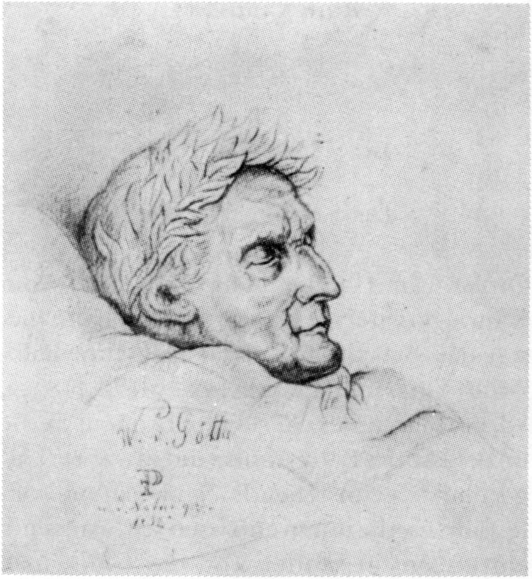

Friedrich Preller der Ältere:
Goethe auf dem Totenbett, 1832

Nur die letzten zwei Stunden hätte man so umschreiben dürfen. Den seit Tagen schweißnassen, zuweilen von Fieber und Todesangst geschüttelten Körper, das Schreien und Stöhnen des von heftigen Brustschmerzen erbarmungslos Gequälten, der das Bett floh, in dem er keine Ruhe mehr fand, und es dem übernächtigten Diener anbot, schließlich der Anblick des geschwächten Greises, den das Leben fast lautlos verließ – Ottilies Gedächtnis nahm unverwischbar diese Bilder in sich auf und reihte sie zu denen aus fünfzehn Jahren gemeinsamen Wohnens unter einem Dach im Haus am Frauenplan. In diesen Stunden verlor sie den Vater sui generis, reichte doch die Erinnerung an den leiblichen Vater nur bis an ihr sechstes Lebensjahr.

Ottilie von Goethe ist seit fünfzehn Monaten Witwe und hat drei Kinder. Der vierzehnjährige Walther und der zwölfjährige Wolf warten im Nebenzimmer, damit die Mutter noch einmal mit ihnen vor den verstorbenen Großvater trete, den man inzwischen in sein Bett gelegt hat. Bänglich und bekümmert ist ihnen zumute. Der »Apapa«, wie sie ihn nannten, war ihnen ein zärtlich geliebter und liebender Spielkamerad, geduldiger Lehrer und Freund gewesen, sein Arbeitszimmer nebenan ihre Spiel- und Wohnstube. Die kleine vierjährige Alma war mit dem Kindermädchen oben in der Mansarde geblieben, betrübt und erschreckt von der beklemmenden Stimmung im Haus.

Ottilies Gefaßtheit bewunderte man allerseits, die liebevolle Fürsorge, die sie dem alten Herrn gewidmet hatte, ständig bemüht, seiner Schaffenskraft eine wohltemperierte Atmosphäre zu erhalten. In den letzten Monaten war sie kaum aus dem Haus gekommen und hatte auch nur selten Zeit gehabt, in ihrer Mansarde Gäste zu empfangen. Goethe selbst, von einem gefährlichen Blutsturz nach der Nachricht vom Tode seines Sohnes zwei Jahre zuvor genesen, hatte seine Stimme in den Chor der Lobeshymnen gemischt, die Ottilies freundliche, gleichbleibend liebenswürdige, sorgende Präsenz nicht genug preisen konnten, wenn sie auch sonst ihrem Lebensstil mit Vorbehalt begegneten.

Er fand die schönsten Worte der Anerkennung gegenüber Sulpiz Boisserée: »Wenn ich sage, daß Tochter und Enkel sich so betragen, daß man sich über ihre Fügsamkeit, Zucht und Anmut, über alles unabsichtliche Zuvorkommen und harmonische Übereinssein nicht genug erfreuen kann, so ist noch nicht alles gesagt.« Der Intimfreund Zelter bekam gar zu lesen: »Bei dieser Gelegenheit will ich nicht verfehlen zu sagen, daß sie und die Kinder sich allerliebst benehmen, wovon viel zu melden wäre, aber nicht zu melden ist, weil das Zarte sich nicht in Worten ausspricht.«

Goethes Lebenswerk hatte dieser Stimmungslage bedurft, um vollendet werden zu können. Die noch nicht beendete Gesamtausgabe seiner Werke – »Dichtung und Wahrheit«, wie »Faust II« fehlte noch die letzte Abrundung – hatte ihn schlaflose Nächte gekostet. Ottilie war ihm unverzichtbar geworden, und diese fand neben aller Anstrengung doch auch eine tiefe Befriedigung darin, ihm unentbehrlich zu sein.

Abends hatte er aus dem Manuskript von Faust II gelesen, Charaktere und Motive mit ihr diskutiert, um ihre Meinung gefragt und sich korrigiert, vom Gespräch angeregt. Bis tief in die Nacht hinein hatte sie ihm zuweilen aus Plutarch oder Memoiren Ludwig XVIII. vorgelesen, und es war vorgekommen, daß sie nachts ihre Mansarde, bis zur Ohnmacht erschöpft, erreichte.

Juliana von Stockhausen

Die Revolution in Meiningen

Während der langen Regierungszeit Herzog Georgs II. blühten in Meiningen die schönen Künste. Der Herzog... wurde bahnbrechend für die Entwicklung des modernen Theaters. Was ihm vorschwebte und was er auch verwirklicht hat, war ein geschlossenes, lebendiges Zusammenspiel der Hauptdarsteller mit der Statisterie. Bislang hatten die Hauptdarsteller die Bühne allein beherrscht, nun sollte auch die kleinste Rolle mit Gehalt erfüllt sein. Ein weiteres kam hinzu: die Stilechtheit. Das Meininger Hoftheater erhielt einen wahrhaft fürstlichen Fundus. Alles, jedes Kostüm, jede Rüstung, jedes Schwert, mit einem Wort, sämtliche Requisiten mußten stilecht sein. Der Herzog ließ bestimmte Waffen in Paris anfertigen. Auch das Material der Roben und

Wämser war echt und kostbar; es gab keinen Flitter mehr auf der Meininger Bühne. Der dritte Aspekt, auf den der Herzog allergrößten Wert legte, war eine ausgefeilte Sprachtechnik. Die Meininger sprachen ein deklamatorisch vorgetragenes Deutsch. Es wurde später als »Meiningerei« kritisiert, war jedoch zeitbedingt.

Das Meininger Hoftheater gab Gastspiele im In- und Ausland. Es erregte Stürme der Begeisterung in Berlin, Wien, St. Petersburg.

Bühnenbildentwurf des
Herzogs Georg zu Schillers »Fiesko«

Wenige Tage vor dem Attentat von Sarajewo [1914] war der Herzog gestorben... Mit dem Regierungswechsel änderte sich schlagartig die Atmosphäre am Hof.

Herzog Bernhard, Königlich Preußischer Generaloberst und Generalinspekteur à la suite, Generaloberst à la suite mehrerer Regimenter, vermählt mit der Prinzessin Charlotte von Preußen, einer Schwester Kaiser Wilhelms II., besaß nicht das geringste Verständnis für die Theaterpassion seines Vaters. Wenig fehlte, und die berühmte Truppe hätte sich in alle Winde zerstreut. Gelehrte, Musiker, Schauspieler, Schriftsteller waren am Hof nicht mehr gefragt, deutlicher ausgedrückt, nicht zugelassen...

In den ersten Novembertagen [1918] liefen wilde Gerüchte über Unruhen in der Marine um...

In der Stadt gab es ständig Versammlungen, auf denen verkündigt wurde, daß alles anders werden müsse. Vater hatte in den letzten Tagen Bemerkungen über »zweifelhafte Elemente« gemacht, die sich in Meiningen herumtrieben, agitierten und die

Unzufriedenheit schürten. Meiningen war eine kleine Stadt, die Fremden ein neues und beunruhigendes Element.

Ich war sogleich nach dem Frühstück in die Bibliothek gegangen, um mir ein bestimmtes Buch auszuleihen. Zu meinem Erstaunen fand ich den alten Linschmann, den Kopf in den Händen, auf eine schreckliche und fassungslose Art über den Tisch geworfen.

Es war nicht geheizt in der Bibliothek, das Ofentürchen stand offen, die Asche war herausgefallen und über den ganzen Boden verstreut. Ich starrte den alten Mann an, ratlos und in peinlichster Verlegenheit. War er krank? Vielleicht hatte er Schmerzen und ich sollte einen Arzt holen?

Der Bibliothekar hob den Kopf, die Tränen liefen ihm übers Gesicht; er schluchzte mit gebrochenen Jammerlauten. Ich sagte: »Aber Herr Linschmann, was ist denn? Sind Sie krank, Herr Linschmann?«

Er stand auf, mühsam, als koste es ihn eine seine Kräfte übersteigende Anstrengung. Fuß vor Fuß setzend, schlurfte er zum Ofen, bückte sich und stocherte in der

Asche herum, wobei er nicht nur seinen Rock beschmutzte, sondern auch noch Asche in seine Haare stäubte. Dann sagte er mit kläglichem Pathos: »Der Kaiser... wir haben keinen Kaiser mehr.«

Der Gedanke fuhr mir durch den Kopf, es habe Revolution gegeben, in der Nacht sei die Revolution ausgebrochen. Der Kaiser tot, an der Spitze seiner treuen Truppen gefallen. *Ave Caesar, morituri te salutant!*

Herr Linschmann, jetzt noch mehr mit Asche beschmutzt, rüttelte an dem Ofentürchen, als wolle er es ausreißen. »Der Kaiser ist geflohen. Gehen Sie, mein gnädiges Fräulein, gehen Sie nach Hause. Das sind schlimme Zeiten, und es gibt böse Menschen, sie gehen umher wie reißende Wölfe und suchen, wen sie verschlingen.« Und mit einem meckernden Gelächter: »'s ist schulfrei, gnädiges Fräulein.«

Ich schob mich zur Türe hinaus; draußen begann ich zu laufen. Aber ich war noch nicht weit gekommen, als ich in einen Menschenauflauf geriet, wie er in Meiningen nie erlebt worden war. Es ging drunter und drüber, wurde geschrien und demonstriert. Vom Bahnhof quoll eine Menschenschlange in die Stadt hinein, preßte sich in Schüben und Stößen zum Marktplatz. Der Lärm nahm zu; irgendwo gingen Schüsse los; überall flatterten und knatterten rote Fahnen. Dann entdeckte ich das Transparent. Es schwankte hoch über den Köpfen der Menge. Ich las: »Arbeiter- und Soldatenrat der Stadt Meiningen«.

Im Gedränge waren mir drei von meinen Mantelknöpfen abgerissen worden; ich hielt sie krampfhaft in der Hand fest. Mantelknöpfe waren unersetzlich. Vater stand mit dem Gesicht zum Fenster gewandt im Salon. Er war in Hemdsärmeln. Das wunderte mich, trotz der Aufregung, in der ich mich befand. Vater hatte sich nie in Hemdsärmeln im Wohnzimmer sehen lassen, und außerdem war es recht kalt. Wir sparten Kohlen.

Sein Militärmantel lag auf dem Boden: Den Waffenrock hatte Mutter auf dem Schoß liegen. Ich sah, was sie tat, und dachte, der Waffenrock läge da wie ein Opfer. Mama trennte mit einem kleinen Federmesser die Distinktionen ab. Sie war sehr blaß, aber sie weinte nicht. Sie hatte das Kinn vorgeschoben und die Zähne in die Unterlippe gepreßt. Sie sah ihrem Vater sehr ähnlich. Edel, die, wie ich durch den alten Linschmann wußte, schulfrei hatte, kam herein, sah fragend vom Vater zur Mutter und ging wieder hinaus. Mama machte sich daran, die Schulterklappen vom Mantel abzutrennen. Ich wollte ihr helfen, aber sie wies mich ab. »Das rührt niemand an außer mir«, sagte sie. Es klang so hart und entschlossen, wie ich sie noch nie hatte sprechen hören.

Vater zog den Mantel an, begann ihn zuzuknöpfen. »Ich gehe jetzt zum Herzog«, sagte er, nahm die Mütze vom Tisch und betrachtete sie, als frage er sich, was er damit anfangen solle. Dann sagte er mit einem verächtlichen Schnauben: »Dem alten Herrn die rote Fahne aufs Dach setzen, das wollten sie heute morgen, die Herren Soldatenräte, diese verdammten roten Kerle! Jetzt warten sie ab. Sind so gnädig, mir eine Frist bis morgen früh zu geben. Die Herzogs müssen aus der Stadt, sind nicht mehr sicher hier ... könnten angepöbelt werden. Sobald es dunkel wird, werden sie fahren, ja, nach Liebenstein.« Er ging hinaus. Wir hörten die Haustüre ins Schloß fallen.

Es war spät in der Nacht, als Vater zurückkam. Irgendwie hatte er es zustande gebracht, die Flucht zu organisieren.

War der Chauffeur des Herzogs absolut zuverlässig? Er war es. Gut, ein Unteroffizier würde mitgehen, ein Mann, auf den man vertrauen konnte. Noch gab es solche Männer. Die Flucht geschah über Nebenstraßen. Es mußte unter allen Umständen vermieden werden, daß ein Aufenthalt entstand, Fragen gestellt wurden, selbst wenn sie harmlos waren.

Ein Problem war der Schmuck der Herzogin, der Privatschmuck, nicht die Kronjuwelen, waren die beiden Hunde, und schließlich tauchte die Frage nach Bargeld auf. Hatte Seine Hoheit hinreichend Barmittel bei sich?

Aber eine fürstliche Person führte niemals Geld bei sich. Entweder verwaltete der Hofmarschall oder der Flügeladjutant das herzogliche Portefeuille. Nun gab es aber keinen Flügeladjutanten und keinen Hofmarschall mehr. Im Schloß existierte kein Bargeld, es sei, der Diener, der Koch, die Kammerfrau hatten kleinere Summen in ihrem Portemonnaie. Die Herren von der fürstlichen Verwaltung mußten umgehend gerufen werden. Was würde Seine Hoheit benötigen, fünftausend oder zehntausend Mark? Herr von Stockhausen wird es am besten selbst entscheiden.

»Sie sind so schrecklich hilflos gewesen«, sagte Vater später, wenn er darauf zu sprechen kam. »Um ein Haar hätten sie den Schmuck im Salon liegenlassen, und dann waren die Pelzhandschuhe des Herzogs nicht aufzufinden.«

Arm in Arm waren der Herzog und die Herzogin durch den dunklen Garten zu dem in einiger Entfernung mit abgeblendeten Scheinwerfern stehenden Auto gegangen.

Das Merkwürdige an den vielen Ungereimtheiten, die sich in diesen Tagen und Nächten abgespielt hatten, war, daß zwar eine ungeheure Aufregung und Kopflosigkeit herrschte, aber keine Ausschreitungen im eigentlichen Sinn vorkamen. Es wurde auch kaum geplündert und wenig zerstört. Es gab viel Geschrei, es wurde auch gedroht, aber es kam niemand ernsthaft zu Schaden. Bei aller Wirrheit war es eine bürgerliche Revolution.

Die Menschen waren bekümmert und bedrückt. Da war kein Aufschwung, keine Begeisterung, kein Aufbegehren und keine Empörung.

Die deutschen Fürsten waren leise und unauffällig aus der deutschen Geschichte hinausgegangen.

Was sich in den ersten Revolutionstagen an Einzelheiten abgespielt hatte, ist vergessen, und ich kenne nicht eine wirklich bezeichnende Anekdote aus der Meininger Zeit.

Niemand hatte etwas gegen den Herzog. Er war nur überflüssig geworden. Man brauchte ihn nicht mehr. Vielleicht hatte man ihn schon lange nicht mehr gebraucht und hatte es nur nicht gewußt. Was man brauchte, das waren Lebensmittel, Kohlen, Schuhe, und dann wollte man Ordnung haben. Die Kinder sollten wieder in die Schule gehen. Die Bürgermeisterämter mußten ihre Arbeit tun. Erlasse hatten gedruckt zu werden. Das Wichtigste war, die Soldaten nach Hause zu schicken. Die Männer sollten Lebensmittelkarten bekommen und Ausweispapiere. Schließlich mußten sie Arbeit erhalten, wieder normale Lohnempfänger werden.

Die Soldatenräte waren sich nicht mehr ganz so sicher, daß sie alles wußten und besser machten. Die Vernünftigen unter ihnen wurden zunehmend nachdenklicher; das Provisorische der Maßnahmen ging ihnen auf. Sie konnten die Augen nicht davor verschließen, daß nackte, erbarmungslose Not in Deutschland regierte und daß man mit dem Hunger keinen Kompromiß schließen konnte. Die Revolution war ein melancholischer Vorgang.

Wappen von Sachsen-Meiningen

Theodor Heuss

Der Geist von Weimar

Der Boden, auf dem die Stadt gewachsen, ist leicht gewellt; das gibt dem Gewinkel in den älteren Teilen eine muntere Note, es reicht nicht zur hügeligen Romantik, die thüringische Städte besitzen, aber es kommt auch nie ganz zu braver Ebenmäßigkeit. In den neuen Stadtteilen hat die Geländebildung ein paarmal zu dem verführt, was man Monumentalität nannte – da wurde Platz gewonnen, ein Fluchtpunkt, eine Achse gewählt, und auf einmal stand, wuchtig ausgerichtet, ein Museum da. Man stößt sehr bald auf diesen Bau, umrundet ihn und meint: lieber nicht.

Daß Weimar irgendwann dieser Entwicklung auch das Opfer der Zeit bringen mußte, war ja wohl unvermeidlich. Man schickt sich drein. Man guckt in den Straßen und Plätzen scharf vorbei, wo die Stephansche Postgotik zur Abwechslung einem neuen Rathaus die Form leihen mußte, um selber einmal einer prunkenden Renaissance Platz zu machen, man erzieht das Auge, die neueren Geschäftshäuser zu vernachlässigen, und in der Gegend des etwas unübersichtlich gewordenen Komplexes am Residenzschloß wählt man die Gelegenheiten zur Umschau so, daß der neue Zubau ein wenig verschwindet. Mit etwas gutem Willen kann man so hundert Jahre ziemlich einschrumpfen lassen und eine Residenzidylle sich aufbauen, die fast ganz dem ausgehenden achtzehnten Jahrhundert gehört. Die Industrialisierung, die in der Gegend so manches Stadtbild sehr energisch bestimmt, hat sich in einem sanften Bogen um diese Stadt vorbeigedrückt.

Der Charakter der Stadt läßt sich vielleicht am besten mit dem etwas unverbindlichen Wort angenehm bezeichnen. Ihre Bauten haben ein anständiges Niveau, sind aber nicht weiter fesselnd – kein Architekt von besonderem Maß hat hier sich ein Denkmal setzen können. Denkt man an ein paar Residenzen, die in gleicher Zeit ihren Typus prägten, so könnte Weimar ein wenig in die zweite Linie kommen – wieviel reicher, wenn man so will aufregender, ist da etwa die Markgrafenstadt Bayreuth. Aber solche Überlegung führt auf Nebenwege und verliert sich, verliert sich vielleicht auch nach Tiefurt, zu Park und Schlößchen, und möchte dann lieber nicht notiert worden sein. Denn dort ist das Angenehme zur Anmut geworden, zu einer im Zarten köstlichen Freiheit und doch auch Größe der Erfindung.

Es mag eigentlich ganz recht so sein, daß in Weimar keine angekreuzten Denkmäler baukünstlerischer Vergangenheit sind: Die Kirche Herders, wohl tüchtig, aber nüchtern, das Stadthaus am Markt, schlicht, in seinem gotisierenden Maßwerk typisch für die sparsame Renaissance jener Gegend, sehr behaglich das Palais Wittum. Das Schloß selber hat einen gewissen großen Zug und verträgt sich nicht schlecht mit dem absonderlichen Rundturm, der nicht ohne Schwierigkeit in einem Oktogon sich verjüngt. Sehr tief prägt sich das nicht ein. Der

Park freilich, durch den die Ilm läuft, munter, in wechselndem Gefälle, der würde dem Gedächtnis haften, auch wenn die Wanderung nicht wieder einmal mit Scheu und Rührung Goethes Gartenhaus grüßte.

Das aber ist es ja schließlich, das uns immer nach Weimar führt: den Nachhall einer Geistesgeschichte zu spüren, die zwischen den Mauern nicht völlig verklungen, in ihren Zeugnissen nicht verdorben und abgestorben ist, kein bloßes Museum mit Kisten und Kästen und Klebezetteln, denn das Leben ging ja weiter, aber das Leben hatte eine behutsame Hand, fühlte sich zur Ehrfurcht verpflichtet, und so ist es der Seele unverwehrt, die Umwelt, vor der sie steht, in ein altes Jahrhundert zu verwandeln. Die eigene Triebkraft des Bodens ist nicht allzu stark, aber er nährt.

Die Daten sind lehrreich: 1772 beruft die Herzogin Amalie den ehemaligen Stadtsyndikus und Romanschreiber, dann Philosophieprofessor Wieland zum Erzieher ihres fünfzehnjährigen Sohnes Carl August, der lädt, 1775, zur Regierung gekommen, Goethe nach Weimar, 1776 folgt Herder,

Goethes Wohnhaus am Frauenplan
in Weimar (um 1827/28)

erst Pfarrherr, später Haupt der weimarischen Kirche, und die Jahrhundertwende sieht den schon leidenden Schiller, der Jenenser Verpflichtungen ledig, als Bürger dieser Stadt. Wenn man den Standbildern dieser Männer begegnet, zu denen der Herzog als durchaus ebenbürtiges Glied zu rechnen ist, entspricht das Erinnerungsmal unmittelbarer und sinnlicher denn sonst irgend, wo Konvention oder Heimatstolz eines aufgestellt haben mag. Hier ist das nicht vereinzelte Ehrung, sondern Zusammenklang, Zwiesprache.

Recht sehr verschiedene Geister, auch

nicht durchaus von Anbeginn aufeinander abgestimmt, aber doch alle sich tragend, voneinander lernend und gewinnend: Sie alle halfen, Deutschland geistig herzustellen, ein neues Deutschland, während ein altes politisch zu Ende ging. Und man denkt zwischen ihnen des Mannes, der unwirscher »Fürstendiener« eines anderen Karl war, des Braunschweigers: Lessing in Wolfenbüttel, auf dem Weg zum frühen Tod, der das Gelände geordnet und freigeschlagen hat, damit die Stimmen von Weimar ein deutsches Echo finden konnten.

Rietschels Doppelstandbild von Goethe und Schiller hat hinter sich das neuerbaute Nationaltheater, und dort findet man, links, in der Front eine Bronzeplatte eingelassen, zur Erinnerung an die deutsche Nationalversammlung des Jahres 1919. Schmerzliches und doch auch stolzes Gedächtnis – Symbol der Wirrnis einer niederstürzenden Zeit, da die Idylle der kleinen Stadt Herberge der Not werden mußte. Flüchtete sich die Volksvertretung hinter den Rücken der großen Dichter, mit einem etwas künstlichen Symbolbedürfnis Deckung suchend für ihr eigenes, unsicheres und ungesichertes Unterfangen?

Dies wohl nicht. Es war zwar während des Auslaufes des Krieges zu einer gewissen Übung geworden, den »Geist von Weimar« und den »Geist von Potsdam« zu bemühen,

Die Deutsche Nationalversammlung wurde am 19. Januar 1919 gewählt.

sie als die beiden Gegensätze der deutschen Entwicklung zu deuten und für die Zukunft eine Option zu fordern: Weimar oder Potsdam. Solches Verfahren gab Anlaß zu allerhand geistreichen Bemerkungen, war aber doch eine zu läßliche Vereinfachung. Denn die beiden Komplexe konnten sich auf der gleichen Ebene gar nicht begegnen.

Daß man nach Weimar ging, war keine so gedachte Entscheidung – und daran ändern Pathos oder Hohn nichts, die diesen Weg begleiteten –, sondern das Ergebnis einer völlig banalen Überlegung: Weimar hat eisenbahnpolitisch mit die zentralste Lage in Deutschland. Das mußte bei der Verkehrsunsicherheit, die man hinter sich, die man vielleicht vor sich hatte, einiges bedeuten. Dazu kam, daß die kleinere Stadt einem konzentrierten Arbeiten günstiger sein müsse und weniger von den Suggestionen der Straße gefährdet.

Herders Erfassung des Volkstums, Goethes sinnhafte Deutung der Wirklichkeiten, Schillers freiheitliche Spannkraft mochten gute Geister der Aufgabe sein, die zu lösen war; das Geschäft war in vielem traurig, drückend und auch nüchtern rechnerisch. Immerhin, *daß* die gestellte Aufgabe bewältigt wurde (und nicht das einzelne Wie kompromißbedingter Paragraphen), war geschichtliche Leistung, die kecklich den großen Namen der Vergangenheit mit dem neuen Grundgesetz der Deutschen verbinden durfte: Weimarer Verfassung ist nicht bloß zufällig Ortsbezeichnung, sondern der Begriff hat seine eigentümliche Atmosphäre schon und bald genug entwickelt.

Die läßt das geschichtliche Bewußtsein zu einem anderen Vorgang sich kehren: Carl August war der erste Fürst von einigem Rang, der nach der napoleonischen Ära und dem Wiener Kongreß seinem Staate eine landständische Verfassung gab; sie trägt das Datum vom 5. Mai 1816. Die Burschenschaft nahm von hier ihren Ausgang; Metternich nannte den Herzog verächtlich den »Alt-Burschen«. Der vor allem sollte 1819 mit durch die Karlsbader Beschlüsse getroffen werden. Das ist verklungene Geschichte; aber sie soll nicht in dem seelischen Aufbau einer Staatsempfindung verloren sein, die ihrer Legenden bedarf.

Carl Zuckmayer

Der Fröhliche Weinberg in Gera

In Gera inszenierte ich auf Einladung des Erbprinzen Heinrich XXXXV. von Reuß das Stück selbst, gleich Anfang Januar [1926], es war eine der ersten Aufführungen nach Berlin und Frankfurt. Der fürstlichen Familie war ein beträchtliches Vermögen verblieben, und sie nutzte es vor allem, um das hübsche ehemalige Hoftheater, jetzt Landestheater, zu einer modernen Bühne von Rang zu machen. Unter dem Intendanten Bruno Iltz, der von der Oper kam, war eine Reihe ungewöhnlicher Kräfte tätig: die junge Tänzerin Yvonne Georgi als Ballettmeisterin, Hans Schultz-Dornburg, gleichfalls sehr jung und begabt, als Opernregisseur, ein moderner Maler mit kühner Phantasie als Bühnenbildner, ein gediegenes Schauspiel-Ensemble. Selten habe ich in einer so guten, produktiven Theater-Atmosphäre gearbeitet, die vor allem dem Einfluß des künstlerisch ambitionierten Erbprinzen zu danken war.

Ich wohnte als Gast auf dem etwas oberhalb der Stadt gelegenen, alten, aber mit allem Komfort eingerichteten Schloß Osterstein, vor dessen Toren jeden Morgen eine zweispännige Staatskarosse wartete, der Kutscher in betreßter Livree, um mich zur Probe zu fahren. Dann wartete sie wieder vorm Bühneneingang, auch wenn ich bis in die Nachmittagsstunden probierte, und fuhr mich in schlankem Trab zum Schloß zurück, wo schon ein Kammerdiener mit dem warmen Essen bereitstand. In meinen Zimmern fand ich immer zwei Kristallkaraffen mit Wein, eine eisgekühlte mit Mosel, eine chambrierte mit Bordeaux. Ich war dort ganz ungestört und konnte mir auch Schauspieler zu Privatproben hinaufbestellen. Eine solche Nobelregie und eine so wahrhaft fürstliche Gastlichkeit hätte ich mir im Traum nicht vorgestellt: man fühlte sich traitiert wie der geheimrätliche Minister in Weimar.

Manchmal, aber stets erst nach einer vorsichtigen Erkundigung, ob man auch nichts anderes vorhabe, wurde man von dem alten Fürstenpaar zum Tee oder Abendessen geladen, es waren anregende, beschwingte Stunden, wie unter sehr gebildeten, sehr kultivierten Leuten in Berlin. Nichts war da zu spüren von irgendwelchem Standesdünkel oder veraltetem Zeremoniell. Mit dem Erbprinzen verband mich bald eine legere, herzliche Freundschaft. Er geriet in Verlegenheit, wenn ihn der Intendant und dessen

Schloß Osterstein bei Gera

Frau, eine ehemalige Wagnersängerin, die sich den Hofknicks nicht nehmen ließ, mit Durchlaucht anredeten, und es machte ihm Spaß, wenn die Schauspieler ihn vertraulich »Prinzi« oder »Erbförster« nannten.

Aber auch hier fühlten sich das nationale Bürgertum und vor allem die Studenten der Technischen Hochschule von dem Stück und meiner sehr freizügigen Aufführung schockiert, zumal der betrunkene Knuzius auf dem Misthaufen die Namen einiger angeblich von ihm entjungferten Fürstinnen zu nennen hatte, die mit dem Hause Reuß-Gera verwandt waren. Hetzartikel erschienen, vor der Premiere, in der Lokalpresse, und es ging das Gerücht von vorbereiteter Skandalisierung. Als der Pausenvorhang fiel, herrschte im Haus bedrohliches Schweigen, und alles schaute zur »Hofloge« hinauf, in der die fürstliche Familie ihre Stammplätze hatte. Da beugte sich der alte Fürst weit über die Brüstung vor und begann laut und ostentativ zu applaudieren: Der Abend war gerettet und endete mit unwidersprochenem Beifall.

Im selben Haus wurden damals Stücke

von Brecht und anderen provokativen Autoren gespielt, die selbst in der Berliner »Jungen Bühne« Widerstände und Ärgernis erweckt hatten. Es gehört zu den grotesken und grausamen Mißverständnissen unserer Zeit, daß nach dem Zweiten Weltkrieg der Erbprinz – seine Eltern waren inzwischen verstorben – von der Sowjetbesatzung in ein Lager verschleppt wurde, in dem er elend zugrunde ging.

Wappen von Reuß

Gottfried Benn

Jena

»Jena vor uns im lieblichen Tale«,
schrieb meine Mutter von einer Tour
auf einer Karte vom Ufer der Saale,
sie war in Kösen im Sommer zur Kur;
nun längst vergessen, verloschen die Ahne,
selbst ihre Handschrift, Graphologie,
Jahre des Werdens, Jahre der Wahne,
nur diese Worte vergesse ich nie.

Es war kein berühmtes Bild, keine Klasse,
für lieblich sah man wenig blühn,
schlechtes Papier, keine holzfreie Masse,
auch waren die Berge nicht rebengrün,
doch kam man vom Lande, von kleinen Hütten,
so waren die Täler wohl lieblich und schön,
man brauchte nicht Farbdruck, man
brauchte nicht Bütten,
man glaubte, auch andere würden es sehn.

Es war wohl ein Wort von hoher Warte,
ein Ausruf hatte die Hand geführt,
sie bat den Kellner um eine Karte,
so hatte die Landschaft sie berührt,
und doch – wie oben – erlosch die Ahne,
und das gilt allen und auch für den,
die – Jahre des Werdens, Jahre der Wahne –
heute die Stadt im Tale sehn.

Erich Kuithan: Schiller am 26. Mai 1789 auf
dem Wege zu seiner Antrittsvorlesung in Jena

Achim Hermann

Die Amerikaner bei Zeiss

Von der Plattform des Zeiss-Hochhauses im 15. Stock hatte man die beste Sicht auf die bewaldeten Berge rings um die Stadt. Im Osten war die Sonne aufgegangen, und in dem nach Westen gerichteten Scherenfernrohr konnte man die von blühenden Kirschbäumen umgebenen Häuser jenseits der Stadtmauer deutlich erkennen. In langen Kolonnen kamen die amerikanischen Soldaten die Abhänge herunter, und auf der Straße im Mühltal rückten Panzer vor. Die für ihre Tiefenplastik und das große Gesichtsfeld berühmte Optik verschaffte Heinz Küppenbender einen ausgezeichneten Überblick über den tief gestaffelten Aufmarsch.

In der Nacht hatte das Artilleriefeuer aufgehört, und jetzt war alles ruhig. Die deutschen Truppen hatten die Saale-Brükken gesprengt und waren nach Osten abgezogen.

Der Geschäftsleiter fühlte eine ungeheure Erleichterung ... Wie aber würde sich der Einmarsch der Sieger abspielen? Das konnte sich keiner der etwa achtzig Männer so recht vorstellen, die am Vormittag des 13. April 1945 in der Eingangshalle des Hochhauses warteten. Furcht hatten sie keine, aber an diesem Tag der Zeitenwende auch nicht die Konzentration zur Arbeit.

Als er im Fernrohr die Amerikaner sah, ging Küppenbender zurück in sein Arbeitszimmer im 9. Stock. Er beschäftigte sich damit, den Schreibtisch und die Stühle von den Glassplittern und Mörtelbrocken zu reinigen. Die beiden letzten Luftangriffe hatten das Werk schwer getroffen. Dann zündete er sich eine Zigarre an und wartete.

Zwei Stockwerke höher saß Dr. Hugo Schrade, der Leiter der Planungsabteilung und der engste Mitarbeiter Küppenbenders. Schrade blickte aus dem Fenster – es mochte etwa zehn Uhr sein – und entdeckte

Jena im April 1945: Blick vom Hochhaus
auf das zerstörte Zeiss-Werk

ein kleines Beobachtungsflugzeug. Die erwartete Stunde war gekommen. Er ging hinunter auf die Carl-Zeiss-Straße, und plötzlich sah er einen einzelnen Soldaten mit einer Maschinenpistole, der rasch näherkam. Uniform und Stahlhelm wirkten fremdartig, und nach ein paar Sekunden ungläubigen Staunens wußte Schrade, daß er den ersten Amerikaner vor sich hatte.

Die neugierig herumstehenden Mitarbeiter, die Augenzeugen der Szene wurden, haben später noch oft von diesen Minuten erzählt. Josef Dinser erinnert sich, daß der Leutnant etwas nervös wurde, als er am Eingang des Hochhauses die Männer des Werkschutzes mit den umgeschnallten Pistolen sah. Er habe sie entwaffnet und dann erzählt, daß er der erste Amerikaner in Erfurt und Weimar gewesen sei und nach Jena auch noch in Gera der erste sein wolle. Nach Hugo Schrade war er es, der den Leutnant gefragt habe, ob er das Werk sehen möchte. Walter David aber, der Syndikus der Firma, berichtete, daß der Amerikaner von sich aus – wie bei einer touristischen Exkursion und mit der größten Selbstverständlichkeit – gefragt habe: »Zeiss works?« Und als David bestätigte: »Where's the board of management?« Wo ist die Geschäftsleitung?

Walter David und Hugo Schrade führten den jungen Offizier durch die Eingangshalle, wo er als Sendbote einer fremden Welt angestaunt wurde. Die Firma hatte am Tag zuvor mit der Produktion aufgehört, und in der Halle waren an die achtzig Mitarbeiter versammelt, die hier die Stunde Null erwarteten. Einer der Männer hob seine Contax, um zu photographieren; das aber duldete der Leutnant nicht.

Küppenbender erhielt einen Anruf vom Pförtner und verließ sein Büro. Er hatte die Anweisung gegeben, beim Auftauchen der Amerikaner die Fahrstühle abzustellen. Jetzt konnte er in Ruhe beobachten, wie der junge Offizier die Treppen hinaufstürmte, indem er immer zwei Stufen auf einmal nahm. Die Begleiter – Dr. Schrade und Dr. David – waren dem Tempo nicht gewachsen und blieben zurück.

Als der Leutnant oben ankam, war er außer Atem und setzte sich auf den Paternoster, der in halber Höhe stehengeblieben war. Dann hörte Küppenbender die ersten englischen Worte: »You are the boss?« Mit dem Daumen schob der junge, athletisch gebaute Offizier seinen Stahlhelm zurück, zog ein Notizbuch aus der Tasche und bat Küppenbender, ihm zu bescheinigen, daß er der erste Amerikaner in Jena sei. Der Geschäftsleiter sagte, das sei leider nicht möglich. Bei Zeiss wären sie an Genauigkeit gewöhnt: Er könne ihm also nur bestätigen, daß er der erste Amerikaner im Werk sei. So änderte der Leutnant die entsprechende Eintragung, und Küppenbender bestätigte mit seiner Unterschrift das historische Ereignis.

Zwei Stunden später rückte die 80. amerikanische Infanteriedivision in Jena ein. Die Truppen, die zur »Dritten Armee« des Generals Patton gehörten, sicherten die Eingänge zum Werk. Es fiel kein Schuß.

Um 14 Uhr erschienen der Divisionskommandeur und sein Stellvertreter. Sie waren überrascht, die Geschäftsleitung im Werk zu finden. »The famous Zeiss plant at Jena in ruins«, meldete noch am gleichen Tage die »New York Times«. Das Werk sei zu 90 Prozent zerstört und die Produktion vollständig zum Erliegen gekommen. Die Amerikaner aber überschätzten die Wirkung der Luftangriffe. Küppenbender bezifferte die Zerstörung auf ein Drittel. Unmittelbar vor Ankunft der Amerikaner hatte das Werk noch mit 60 Prozent seiner Kapazität produziert.

Ein paar Tage später kamen die angekündigten »Experten«, die sich um das Werk kümmern sollten. Das taten sie denn auch sehr gründlich. Es waren Wissenschaftler in Uniform, die erstaunliche Kenntnisse über das Fabrikationsprogramm und die Produktionsziffern mitbrachten und sich für alles interessierten, insbesondere die Luftaufnahme- und die Bombenzielgeräte. Sie ordneten an, die Fertigung sofort wieder anlaufen zu lassen.

Was sich von der Produktion der letzten Kriegsmonate noch im Werk befand, wurde beschlagnahmt. Über die Entnahmen gab es ordnungsgemäße Requisitionsscheine mit genauen Angaben über den Warenwert. Die Verpackung erfolgte ebenso ordnungsgemäß durch die Versandabteilung. Die Adresse war durchweg das »Francfort Arsenal«, wobei es sich aber nicht, wie die Mitarbeiter vom Versand meinten, um Frankfurt am Main handelte, sondern um ein Armeelager in Dayton, Ohio. Der Wert der Requisitionsscheine summierte sich schließlich auf über 13 Millionen Reichsmark. Sie wurden später von der amerikanischen Militärregierung eingelöst, und dieses Geld spielte beim Aufbau des Oberkochener Werkes eine erhebliche Rolle.

Anfang Juni erschien ein Generalarzt mit seinem Adjutanten, um das Lager von einigen hundert Mikroskopen anzusehen. Ein Zeiss-Mitarbeiter, der die Offiziere führte, hörte dabei eine für den Adjutanten bestimmte Bemerkung: Die wertvollen Mikroskope müßten sofort abtransportiert werden, damit sie den Russen nicht in die Hände fielen.

Damit bestätigte sich, was man als schlimmes Gerücht nicht hatte glauben wollen: Gemäß den interalliierten Vereinbarungen gehörte Thüringen zur sowjetischen Besatzungszone. Alle würden sie, wie man damals sagte, »russisch werden« müssen.

Daß die Amerikaner noch ganz andere Pläne hatten (Pläne, die den Zeissianern ganz und gar nicht gefielen), sollte sich bald herausstellen. Am 18. Juni, einem herrlichen Frühsommertag, kreisten am Abend amerikanische Flugzeuge über Jena und landeten schließlich oberhalb der Stadt auf einem im Kriege angelegten Hilfsflugplatz. Kurz darauf erschien eine Gruppe von neun Offizieren im Werk, zwei davon Briten, die übrigen Amerikaner.

Was das Ganze zu bedeuten hatte, erfuhren sie am folgenden Tag. Etwa achtzig Mitarbeiter, die Führungskräfte des Werkes, wurden in den Vortragsraum gerufen.

Colonel Stone, der seit einigen Wochen sein Büro im Werk hatte, erläuterte die Beschlüsse des Alliierten Hauptquartiers, die ein Offizier gestern aus Paris mitgebracht hatte. Stone sprach englisch, und Sigmund Meyer von der kaufmännischen Abteilung übersetzte: Zeiss und Schott müßten in der amerikanisch besetzten Zone neu aufgebaut werden, wozu man die Führungskräfte der Jenaer Werke benötige. Jeder erhalte eine seiner jetzigen Tätigkeit entsprechende Aufgabe. Die amerikanische Armee werde den Transport nach Süddeutschland übernehmen. Wer freiwillig mitgehe, dem stehe für die Familie und die persönliche Habe ein eigener Lastwagen zur Verfügung; wer sich weigere, müsse Jena ohne Familie verlassen.

Über die politischen Sympathien gab es keinen Zweifel. Wohl ausnahmslos jeder hätte sich die Amerikaner als Besatzungsmacht für Thüringen gewünscht. Aber mit den abziehenden Amerikanern Jena verlassen? Nein! Allzu schlimm, dachten die meisten, könne es auch bei den Russen nicht werden. Schließlich seien diese noch mehr als die Amerikaner auf die Fähigkeiten der Deutschen angewiesen...

Alle wollten in Jena bleiben. Sie identifizierten sich mit dem Werk von Carl Zeiss und Ernst Abbe. Sie waren stolz, einer Firma anzugehören, die auf ihrem Arbeitsgebiet und in ihrer Fürsorge für die Mitarbeiter als Vorbild in der Welt galt. Ihre Firma gehörte nicht persönlichen Eigentümern und Aktionären, sondern einer Stiftung, die der geniale Physiker und Philanthrop Ernst Abbe schon 1889 errichtet hatte.

Was sie wollten, interessierte die Amerikaner nicht. Die Entscheidung über ihr Schicksal war gefallen. Der Adjutant verlas die Liste. Von Bauersfeld und Bernhardt bis Weihe, Wolf und Zieher. 84 Namen.

Erregte Zwischenrufe und Fragen. Der Oberst blieb ruhig. »This is a command.« Das ist ein Befehl. »Wir werden Sie mitnehmen, auch wenn wir Sie im Nachthemd auf die Lastwagen laden müssen...«

Später erfuhren die Zeissianer, daß es in der Nacht eine erregte Auseinandersetzung mit den amerikanischen Offizieren gegeben hatte. Walther Bauersfeld, mit seinen 66 Jahren der Senior der Geschäftsleiter und ein genialer Konstrukteur, den sie bewunderten und verehrten, hatte gegen den Abtransport leidenschaftlich protestiert: Was die Amerikaner planten, sei die Amputation des Kopfes vom lebendigen Organismus des Werkes! Und die Offiziere hatten diese Feststellung bestätigt! Ihre lakonische Antwort machte die Runde und wurde bei Zeiss zum geflügelten Wort: »We take the brain ...«

So waren zur Evakuierung bestimmt: von Carl Zeiss 84 Wissenschaftler, Konstrukteure, Techniker und kaufmännische Führungskräfte, von Schott und Genossen 41 Mitarbeiter. Dazu kamen noch von der Universität Jena 200 »very important persons« sowie Mitarbeiter eines Zweigwerkes der Firma Siemens. Insgesamt betroffen waren 430 Gelehrte und Ingenieure, mit den Familienangehörigen zusammen 1300 Personen.

80 000 Zeiss-Werkszeichnungen und die Laboreinrichtungen der zum Abtransport

bestimmten Wissenschaftler wurden auf 14 Lastwagen verladen und sollten, wie es hieß, den Evakuierten nach der Verlagerung wieder zur Verfügung stehen. Dokumente und Laborgeräte aber tauchten nie wieder auf. Für diesen Verlust erhielten sie später, nach der Währungsreform, eine Entschädigung von 23,1 Millionen DM, und so leisteten die Zeichnungen und Geräte indirekt doch noch ihren Beitrag zum Wiederaufbau.

In der letzten Woche, die ihnen in Jena blieb, nahmen die Zeissianer bewegten Abschied von ihren Freunden und Kollegen. Sie sahen, wie die Aufräumungsarbeiten voranschritten und die Brillenfabrikation wieder in Gang kam.

Die Geschäftsleiter hatten noch eine letzte, wichtige Pflicht: Sie mußten Vertreter einsetzen, die für die Zeit ihrer Abwesenheit die Leitungsfunktion im Werk ausübten. Diese Vertreter sollten die Absichten der Geschäftsleiter gut kennen, ihr persönliches Vertrauen besitzen und politisch unbelastet sein. Es war nicht ganz leicht, geeignete Persönlichkeiten zu finden. Denn es wurden ja mit den vier Geschäftsleitern (Bauersfeld,

Henrichs, Joos und Küppenbender) die achtzig wichtigsten Mitarbeiter abtransportiert. Die Wahl fiel schließlich auf Sandmann, Schrade und Schomerus, die man später die »drei S« nannte.

Von den drei Herren hatte bisher nur Victor Sandmann Zeichnungsvollmacht besessen. Jetzt wurden auch Hugo Schrade und Friedrich Schomerus zu Prokuristen ernannt. Am 22. Juni folgte der entscheidende Schritt: Der kaufmännische Geschäftsleiter Paul Henrichs fertigte die Vollmacht, die die drei Herren anwies, »die Geschäfte der Geschäftsführung einstweilen wahrzunehmen, solange sämtliche Mitglieder [der Geschäftsleitung] von Jena abwesend sein müssen und an der Erfüllung ihrer Aufgaben gehindert sind«.

Das Gefühl der Verbundenheit erleichterte die schwere Stunde. Die neuen Männer waren entschlossen, das Werk im Sinne der scheidenden Geschäftsleiter weiterzuführen, und das hieß im Sinne von Ernst Abbe, den sie alle als Vorbild verehrten. Keiner der Beteiligten hat vorausgesehen, daß innerhalb von wenigen Jahren Deutschland und damit auch das Zeiss-Werk in zwei Teile gespalten und die Ermächtigung von den Gerichten in Ost und West akribisch geprüft werden würde. Waren die Jenaer Prokuristen mit dieser Vollmacht de jure zu Geschäftsleitern geworden?

Bei den späteren juristischen Auseinandersetzungen spielten die letzten Tage in Jena eine große Rolle. Rechtsanwälte und Richter fragten die Beteiligten, was sie damals alles gewollt, getan und gesagt hatten...

Einer von den vielen Besuchern, die zu Bauersfeld kamen, stellte sich als »Agricola« vor. Er wollte den Geschäftsleiter überreden, in Jena zu bleiben, sich also der Evakuierung zu entziehen. Bauersfeld hielt diesen »Agricola« für einen kommunistischen Agenten. Am 23. Juni, früh um 9 Uhr, machte er sich, begleitet von einem jüngeren Mitarbeiter, auf den Weg ins Werk, um den amerikanischen Kommandanten zu informieren. Die Folge war, daß für Bauersfeld der sofortige Abtransport befohlen wurde...

Am 24. Juni, einem herrlichen Sommersonntag, versammelten sich die übrigen 83 Zeissianer zum letztenmal im Werk. Auf acht Uhr früh waren sie in den Vortragssaal im 5. Stock des Hochhauses bestellt. Der Befehl der Militärregierung wurde verlesen. Ein Vertreter der in Jena zurückbleibenden Arbeiter sprach Abschiedsworte. Dann ging es zurück in die Wohnungen, wo amerikanische Trucks vorfuhren. Jede Familie hatte einen dieser Militärlastwagen für sich, und an Koffern und Möbeln durfte man mitnehmen, soviel man unterbringen konnte.

Die Lastwagen fuhren in die Humboldtstraße, und es bildete sich ein langer Konvoi bis in die Wormsstraße. Niemand wußte, wohin die Reise gehen sollte. Küppenbender und Schrade fragten den Transportoffizier. Der lachte: Er könne ihnen das Ziel schon nennen, aber nur, wenn sie es nicht weitersagten. Er zog einen Umschlag aus der Tasche, nahm ein Papier heraus und buchstabierte: »Heidenheim ... Brenz«. Küppenbender hatte den Namen noch nie gehört; Schrade aber fing an zu lachen: »Das ist dort, wo ich zur Schule ging.« Das Leben als absurdes Theater. »Das ist doch komisch«, sagte Schrade: »Sie gehen nach Heidenheim, und ich bleibe hier.«

Als die Motoren schon anliefen, kam der Gemüsehändler. Küppenbender hatte ihm seine Möbel versprochen, und diese Zusage wollte er jetzt schriftlich. Gewohnheitsmäßig überflog Küppenbender den Text, obwohl es ganz gleichgültig war, was da stand. Dann gab er seine letzte Unterschrift in Jena.

Sahen so die (schon im Mittelalter zerstörten) Burgen über Jena aus?

Heinz Czechowski

Wir gingen zum Haus van de Veldes

Und wollten es photographieren. Die Sonne
Meinte es gut, es waren die Tage um Shakespeare.
Ein sehr blondes Mädchen
Mit einem Hund, es hätte
Ophelia sein können, öffnete uns
Alle Türen. G
Sprach angesichts des aus grauem
Haustein gefügten Gebäudes
Von Nathaniel Hawthornes
Siebengiebligem Haus. M
Teilte meine Begeisterung
Über die kunstvoll geordneten Maße.
Im Garten
Blühten die ersten
Primeln. Wir hätten
Einmal glücklich sein können, denn alles,
So schien es, hatte auf unerwartete Weise
Seine geheime Ordnung gefunden: die Pappeln

Standen im Gegenlicht, Weimar
War einmal kein Museum, Goethe und Schiller
Lagen in ihren Särgen. Aber das halbblinde
Mädchen,
Das im Stadtcafé seine Schokomilch trank,
Während wir von Paris oder London
Sprachen, als wärens die selbst-
Verständlichsten Orte der Welt,
War mit uns. Später, als wir am Bauhaus
Die schlimmen Ergänzungen sahen,
Die unsre Gegenwart zugefügt hatte,
Sahn wir die halbblinden Augen
Und hörten die Stimme Ophelias, der andern.

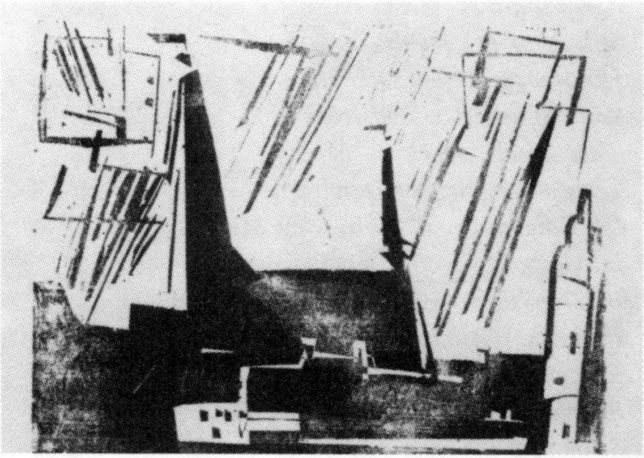

Lyonel Feininger: Stadtkirche Weimar
(entstanden am Staatlichen Bauhaus Weimar, dessen
Gebäude von Henry van de Velde stammen)

Günter Kunert

Von Thüringens kleinen Städten

Sie erscheinen uns heute nur noch als eine Erscheinung ihrer selbst. Sie sind noch da, aber mehr sind sie nicht.

Freilichtmuseum, die jeweils mit einer spätromanischen Kirche prahlen, stets versteckt hinter Restaurierung vortäuschendem Balkengewirr, stolz dazu auf staubige Sammlungen von Feuersteinbeilen und Spinnrädern zu Zwecken der Heimatliebe. Sonst: abblätternde Fassaden, einsinkende Schindelschrägen, Schaufenster, deren Auslagen wie seit Jahrzehnten festgewachsen wirken; zusätzlich bringt der tückisch heranschleichende Abend eine Finsternis, ägyptisch durch wenige schwächliche Lampen.

Da stolpern über das mittelalterliche Pflaster die Betrunkenen: kein anderes Mittel wissen sie sich mehr, den Ort ihrer furchtbaren Nüchternheit zu verwandeln. Selbst der Schall von Radiomusik aus einem Fenster klingt viel zu frisch, zu frei, zu fröhlich: ein Durchreisender, nicht hergehörig, der zwischen den engen Mauern gebrochen wird.

Die ihre altertümlichen Namen in kaum noch erkennbaren Schriftzeichen über schummrigen Läden hinterließen und auf Erinnerungstafeln neben brüchigen Haustoren, auf dem Granit und dem Porphyr der Friedhöfe, in den Folianten, in Kirchenbüchern: sie, die weg sind, sie, der jetzige Humus des Bodens, machten Aussehen und Wesen dieser Stätte und machten es endgültig.

Die Heutigen, kräftig bestenfalls hier ein Plakat aufzuhängen, dort eine Wand neu einzufärben: nichts als eingeborene Fremde, Kinoglotzer, Fernsehgaffer, Kneipenhocker, Zeittotschläger, aus den heimischen Fabriken ins Private verschlagen und unfähig, den dekorativ verkalkten Leib, den sie behausen, frisch zu beleben; eher bereit, diesem sich anzugleichen, das eigene Leben einzustellen und aufzugeben für eine Art Dasein, das still und unauffällig allen Dingen eigen ist, welche dem geheimen Gesetz der Erosion unterliegen.

Oskar Herrfurth:
Sitzendes Mädchen in Thüringer Tracht

Monika Zimmermann

Erfurt,
die schönste Stadt Mitteldeutschlands

Erfurt ist die älteste Großstadt auf dem Gebiet der ehemaligen DDR und eine der ältesten deutschen Städte überhaupt. 742 wurde das Bistum Erphesfurt von Bonifatius gegründet. Im Mittelalter war der Ort ein reiches Handelszentrum, das vom Geschäft mit Waid, einer Pflanze zum Blaufärben, lebte. Die hohen Speicher zum Trocknen des Waid bestimmen noch heute ebenso das Stadtbild wie die vielen Kirchtürme. Hundert soll Erfurt zur Lutherzeit gehabt haben, heute sind es noch über zwanzig. Der unvergleichliche Domhügel mit der gewaltigen Domtreppe und den beiden Kirchen Sankt Marien und Sankt Severin sind das Kennzeichen Erfurts, das lange zum Erzbistum Mainz gehörte.

Aber typisch ist auch die verwinkelte, mittelalterliche Innenstadt, in der das berühmte Augustinerkloster liegt. Aus dem 19. Jahrhundert blieb vor allem der »Anger«, die Hauptgeschäftsstraße von Erfurt, die heute eine lebendige Fußgängerzone ist. Der Krieg konnte Erfurt wenig anhaben, doch daß es (nach einer kurzen Karriere als Hauptstadt Thüringens, die es nun wieder geworden ist) Bezirkshauptstadt des »neuen« Deutschlands wurde, hat den Verfall des Altstadtbilds kaum aufgehalten.

Erfurt hat vergleichsweise Glück gehabt mit seinem Schicksal. Auf einem großen Innenstadt-Modell sieht man im Meer der

Christian Rohlfs: Erfurt, Dom und St. Severin

kleinen, grauen Häuser mit ihren spitz aufragenden hohen Dächern nur vereinzelt helle Flecken. Sie versprechen trotz der freundlicheren Farbe nicht immer Gutes, denn hell steht für neu und grau für alt.

Auch wenn die Menschen hier leidvolle Erfahrungen gemacht haben mit den heruntergekommenen alten Häusern, die ihnen keinerlei zeitgemäßen Wohnkomfort bieten, und viele deshalb froh sind, wenn sie endlich eine Neubauwohnung in einem der neuen Viertel weit draußen am Stadtrand zugewiesen bekommen, so hat man doch auch im östlichen Deutschland längst gemerkt, daß Neubausiedlungen die Altstädte nicht ersetzen können: Die einen dienen dem Wohnen, die anderen aber sind wichtig für das Wohlbefinden.

Gleichwohl wurden in Erfurt jene Fehler gemacht, wie sie überall in der alten DDR gemacht wurden: Jahrzehntelang ließ man die alte Bausubstanz verrotten und warf alle Kraft in die Neubauten auf der grünen Wiese, um der drückenden Wohnungsnot zu begegnen. Überall stehen nun die gleichen groben, vielgeschossigen Fertigteilhäuser.

Johannisplatz, Ried, Melchendorf, Wiesenhügel oder Roter Berg, so heißen beispielsweise die Erfurter Satellitensiedlungen.

Dort wurden fünfzigtausend Wohnungen geschaffen, und die Hälfte der 220 000 Einwohner lebt nun in diesen »Arbeiterschließfächern«, wie die verwechselbaren Wohnanlagen spöttisch genannt werden. Allenfalls die anmutigere Hanglage hat die Erfurter Neubaugebiete, die sich im Norden und Südosten der Stadt erstrecken, vor dem Ärgsten bewahrt und erlaubt den Bewohnern wenigstens den Ausblick in eine schöne Landschaft.

Schluß mit der Expansion der Stadt! Diese Forderung wurde auch regelmäßig auf den Demonstrationen laut, die in Erfurt nicht, wie in Leipzig, montags, sondern donnerstags stattfanden. Die Demonstranten wollten, daß das Augenmerk endlich wieder auf die Innenstadt gerichtet wird.

45 Prozent aller Häuser in der Erfurter Innenstadt befinden sich zwar formal im Privatbesitz, doch kaum ein Besitzer ist finanziell in der Lage, die Instandsetzungskosten seines Hauses zu bezahlen.

Die einseitige Festlegung auf das Bauen mit Fertigteilen hat zwar überall leistungsfähige Plattenwerke entstehen lassen, doch sie hat aus Bauarbeitern Betonfacharbeiter gemacht, die zwar montieren, aber nicht mehr mauern können. Außerdem drängten die Plattenwerke auf Verarbeitung ihrer Massenproduktion. So mußte auch in mancher engen Altstadt Platz geschaffen werden für die Großplattenbauweise.

In Erfurt gab es beispielsweise am Huttenplatz einen solchen Kahlschlag, der zudem noch einem anderen, vermeintlich guten Zweck diente: Jener Ringstraße, die ehrgeizige Verkehrsplaner unbedingt durch die Altstadt hindurchziehen wollten, wurde eine Schneise geschlagen. Als nächstes sollte das Andreasviertel fallen, und damit stand Erfurts größte städtebauliche Sünde unmittelbar bevor.

Das Andreasviertel ist ein geschlossenes altes Wohngebiet, in dem einst vorzugsweise Handwerker wohnten und dessen charakteristische Gassenbebauung die Denkmalpflege dazu veranlaßte, es als besonders schützenswert einzustufen – ein Schutz freilich, auf den man sich in der DDR genausowenig verlassen konnte wie in der Bundesrepublik, wenn »höhere« gesellschaftliche Ziele, wie der Bau einer Straße, dagegensprechen.

Eitle Freude herrscht in Erfurt auch nicht über ein anderes Projekt: das 250 Millionen Mark teure Kulturhaus. Dieses Bauwerk, von dem bislang nur das riesige Stahlskelett steht, durchbricht alle städtebaulichen Proportionen, 1992, zum Stadtjubiläum, sollte der Palast fertig sein – ein »Geschenk« Berlins an Erfurt.

Zum besseren Verhältnis zwischen Provinz und »Hauptstadt« hat es kaum beitragen können. Denn dieses Verhältnis war in der DDR eher schlecht. Als Berlin 1987 seinen 750. Geburtstag feierte, klebte mancher Erfurter höhnisch ein Schild an seinen Trabant: »Erfurt – 1245 Jahre«. Dieser lakonische Hinweis war durchaus als Protestkundgebung gemeint: ein Protest gegen die ehrgeizigen Ausbaupläne der »Hauptstadt«, die anläßlich des Geburtstages noch mehr Kapazitäten aus den Bezirken abgezogen hat als ohnehin üblich. Fünf Prozent der

Baukapazität mußte Erfurt kontinuierlich an Berlin abgeben.

Verstärkt will man sich nun der Erhaltung der maroden Altstadt zuwenden. Wurden bislang allenfalls einzelne schöne Häuser, die in Erfurt alle einen Namen haben und »Zum Breiten Herd«, »Zum roten Ochsen« oder »Zum Stockfisch« heißen, wieder hergerichtet, so macht man sich jetzt an die Reparatur ganzer Stadtteile. Doch anders als in Greifswald oder Halberstadt will man vergleichsweise behutsam zu Werk gehen und hat dies im Sanierungsgebiet »Große Arche« auch schon demonstriert.

Inzwischen ist das Gebiet, das direkt an den Domplatz anschließt, ein regelrechtes Vorzeigeobjekt; alte Speicher und Häuser haben eine neue und zeitgemäße Nutzung erhalten. Und auch die einzigartige Krämerbrücke, die über das Flüßchen Gera führt und mit kleinen Fachwerkhäuschen überbaut ist, kann man wieder vorzeigen.

Erfurt sei die schönste Stadt der neuen Bundesländer, meint mancher Besucher. Ein Urteil, das die Einheimischen gewiß gern teilen würden, bliebe ihnen nur etwas mehr Luft zum Atmen. Erfurt liegt im Thüringer Becken, der »Schmalzgrube«, wie Luther sagte, und was diese Lage jenseits geologischer Beschreibungen bedeutet, kann man vor allem in den Wintermonaten nicht nur riechen, sondern auch fühlen. Braunkohledunst legt sich dann wie ein Nebelschleier über die Stadt. Das mag romantisch aussehen, verursacht aber vor allem Kopfschmerzen.

Direkt am »Anger« steht der 1705 bis 1711 errichtete »Packhof«. Mainzer Erzbischöfe haben den prächtigen Barockbau von Maximilian von Welsch errichten lassen. Im »Packhof« ist seit über hundert Jahren das »Angermuseum« untergebracht. Dort kann man die städtische Kunstsammlung anschauen, aber auch etwas entdecken, das viele Jahre nur im Verborgenen blühte: die Heckel-Fresken.

In einem kleinen Nebenraum des Museums hatte der Maler Erich Heckel 1924 Bilder zur Erschaffung von Mann und Frau direkt auf die Wände gemalt und damit seinen Traum von einem Wandbild verwirklicht. Bald darauf galt Heckel als »entartet«.

Der Zerstörung entging sein Werk nur deshalb, weil der Museumsdirektor den Raum kurzerhand zumauern ließ. Die Heckel-Fresken wurden dann einfach vergessen. Als sie nach dem Krieg wiederentdeckt wurden, waren sie in schlechtem Zustand, inzwischen sind sie restauriert und der Öffentlichkeit wieder zugänglich.

Nicht zugänglich war viele Jahre noch ein anderer historischer Ort in Erfurt: jener Saal, in dem 1891 anläßlich des Parteitages der SPD das »Erfurter Programm« von August Bebel und Karl Kautsky verkündet wurde. Lange Zeit war die SED schwankend, wie sie sich zu diesem Stück Tradition verhalten sollte. Der ehemalige Kaisersaal des einstigen Universitäts-Ballhauses wurde von den »Optima«-Schreibmaschinenwerken als Gesellschaftsraum genutzt. Erst spät hat man sich entschlossen, ihn bis 1991, zum hundertjährigen Jubiläum des »Erfurter Programms«, originalgetreu zu erhalten.

»Erfurt, die Blumenstadt«. Schon im vorigen Jahrhundert waren in Erfurt die Samenzüchter zu Hause. An diese Tradition hat man nach Gründung der DDR nahtlos wieder angeknüpft, obwohl der oberste Genosse, Walter Ulbricht, die Idee hatte, diese blühende Branche in seiner Heimatstadt Leipzig zu etablieren. Wäre es so gekommen, so wäre wohl auch die Stadtentwicklung von Erfurt ganz anders verlaufen. Denn die riesigen Grünflächen der Blumenzüchter, die die Stadt überall umgeben, haben sie davor bewahrt, in alle Richtungen auszufransen. Und das große Gelände der Internationalen Gartenbau-Ausstellung, im Nordwesten der Stadt gelegen, auf dem regelmäßig die Gartenbau-Ausstellungen der DDR stattfanden, ist ein beliebtes städtisches Ausflugsziel.

Wappen von Erfurt

Quellennachweis

Edwin Redslob, Der Garten Deutschlands. Aus: Merian, Das Monatsheft der Städte und Landschaften, Hamburg, September 1959.

Gustav Freytag, Im Jahr 357. Aus: Ingo und Ingraban, Roman (erstes Buch des sechsbändigen Zyklus Die Ahnen), Leipzig 1872.

Friedrich Rückert, Barbarossa im Kyffhäuser. Aus: Gesammelte Gedichte, Erlangen 1834

Gustav Schalk, Der Tannhäuser. Aus: Meisterbuch Deutscher Götter- und Heldensagen, Berlin o. J.

Ricarda Huch, Die heilige Elisabeth. Aus: Römisches Reich Deutscher Nation (Deutsche Geschichte, Band 1), Zürich 1987.

Sigfried Asche, Luther auf der Wartburg. Aus: Die Wartburg, Dresden 1957.

Friedrich von Schiller, Herzog Alba in Rudolstadt. Aus: Werke in drei Bänden, zweiter Band, München/Wien 1966 (hier unter dem vollständigen Titel: Herzog Alba bei einem Frühstück auf dem Schlosse zu Rudolstadt im Jahr 1547).

Malcolm Boyd, Die Bachs aus Ungarn. Aus: Johann Sebastian Bach, Leben und Werk, Stuttgart 1984.

Johann Wolfgang von Goethe, Die Lustigen von Weimar, Gedicht. Aus: Werke, Hamburger Ausgabe, Band 1, München 1981.

Johann Christian Mahr, Goethe auf dem Kickelhahn. Abgedruckt aus: Goethe erzählt sein Leben, Hamburg 1951.

Ruth Rahmeyer, Die Schwiegertochter. Aus: Ottilie von Goethe, Das Leben einer ungewöhnlichen Frau, Stuttgart 1988.
Juliana von Stockhausen, Die Revolution in Meiningen. Aus: Auf Immerwiedersehen, Begegnungen mit dem beginnenden Jahrhundert, Stuttgart 1977.
Theodor Heuss, Der Geist von Weimar. Abgedruckt aus: Theodor-Heuss-Lesebuch, herausgegeben und eingeleitet von Hans-Heinrich Welchert, Tübingen 1975 (hier unter dem Titel: Weimar).
Carl Zuckmayer, Der Fröhliche Weinberg in Gera. Aus: Als wär's ein Stück von mir, Horen der Freundschaft, © Carl Zuckmayer 1966. Abdruck mit Genehmigung der S. Fischer Verlag GmbH, Frankfurt am Main.
Gottfried Benn, Jena, Gedicht. Aus: Sämtliche Werke, Stuttgarter Ausgabe, Band I, © Klett-Cotta, Stuttgart 1986.
Achim Hermann, Die Amerikaner bei Zeiss. Aus: Nur der Name war geblieben, Die abenteuerliche Geschichte der Firma Carl Zeiss, Stuttgart 1989 (hier unter dem Titel: »We take the brain«).
Heinz Czechowski, Wir gingen zum Haus van de Veldes, Gedicht. Erstdruck in: Jahresring 81–82, Jahrbuch für Kunst und Literatur, Stuttgart 1981.
Günter Kunert, Von Thüringens kleinen Städten. Erstdruck in: Jahresring 87–88, Jahrbuch für Kunst und Literatur, Stuttgart 1987.
Monika Zimmermann, Erfurt, die schönste Stadt Mitteldeutschlands. Aus: Sachsen-Spiegel, Unabhängige Wochenzeitung für Politik, Kultur und Wirtschaft, Leipzig/Dresden 13. Juli 1990.

CIP-Titelaufnahme der Deutschen Bibliothek

Kleine Geschichten aus Thüringen
ges. und hrsg. von Ludwig Degenkolb.
Stuttgart: Engelhorn Verlag, 1991
(Engelhorn-Bücherei)
ISBN 3-87203-104-X
NE: Degenkolb, Ludwig [Hrsg.]

Lektorat: Renate Jostmann
Typografische Gestaltung: Brigitte Müller
Satz: Uhl+Massopust GmbH, Aalen
Druck und Bindearbeiten: Clausen & Bosse, Leck
Printed in Germany

Gerhard Marcks: Thüringer Mutter

Engelhorn Gesamtverzeichnis 1991/92

Engelhorn Verlag
Stuttgart

Inhalt

Neuerscheinungen und Neuauflagen sind mit * gekennzeichnet.

Bei allen Verlagswerken sind die internationalen Standard-Buchnummern (ISBN) angegeben.

Die angegebenen Preise sind gebundene Ladenpreise; Bestellungen nimmt jede Buchhandlung entgegen.

Redaktionsschluß: 29. Juni 1991
Änderungen vorbehalten.

Engelhorn Verlag
Neckarstraße 121, 7000 Stuttgart 1
Telefon 0711/2631-0, Telefax 0711/2631-292, Teletex 7111193

Hans Christian Andersen
Die Prinzessin und der Schweinehirt
Nachdruck der 1897 erschienenen Ausgabe
40 Seiten mit 14 vierfarbigen Abbildungen, DM 38,–
ISBN 3-87203-006-X

Immanuel Kant
Zum ewigen Frieden
Ein philosophischer Entwurf
Nachdruck der 1795 im Verlag von Friedrich Nicolovius in Königsberg/Ostpreußen erschienenen Ausgabe
105 Seiten, DM 36,–
ISBN 3-87203-019-1

Waldemar Bonsels
Die Biene Maja und ihre Abenteuer
Mit 16 Steinzeichnungen von Fritz Franke
Nachdruck der 1920 in der Literarischen Anstalt Rütten & Loening in Frankfurt am Main erschienenen Ausgabe
181 Seiten, DM 48,–
ISBN 3-87203-034-5

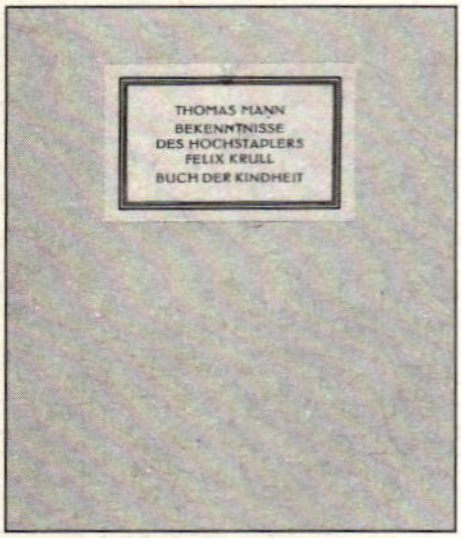

Thomas Mann
Bekenntnisse des Hochstaplers Felix Krull
Buch der Kindheit
mit Illustrationen von Oskar Laske. Reprint der 1922 im Rikola Verlag erschienenen Ausgabe
65 Seiten mit 6 Farbtafeln, DM 48,–
ISBN 3-87203-035-3

Robert Neumann
Mit fremden Federn
Parodien
Nachdruck der ersten Auflage von 1927
176 Seiten, DM 19,80
ISBN 3-87203-001-9

Friedrich Schiller
Der lachende Tragiker
Nachdruck der 1862 unter dem Titel »Avanturen des neuen Telemachs oder Leben und Exsertionen Koerners« erschienenen Ausgabe
48 Seiten mit 13 vierfarbigen Federzeichnungen, DM 38,–
ISBN 3-87203-016-7

Wilkie Collins
Der Monddiamant
Ein Kriminalroman
492 Seiten, DM 34,–
ISBN 3-87203-082-5

Peer-Uli Faerber
Der Gelbe Wolf
Ein Alamannen-Roman
296 Seiten, DM 29,80
ISBN 3-87203-023-X

Peer-Uli Faerber
Der Stadtinspektor
Roman
411 Seiten, DM 39,80
ISBN 3-87203-036-1

Carl Haensel
Der Kampf ums Matterhorn
Tatsachenroman
164 Seiten und 8 Bildtafeln mit 10 Abbildungen,
DM 24,–
ISBN 3-87203-002-7

* Hans Graf von der Goltz
Der Zwilling
Roman
303 Seiten, DM 36,–
ISBN 3-87203-107-4

Arthur Hailey/
John Castle
Flug in Gefahr
Roman
176 Seiten, DM 25,–
ISBN 3-87203-065-5

* Marie-Gabrielle Hohenlohe
Schräglagen
240 Seiten, DM 32,–
ISBN 3-87203-086-8

Marie-Gabrielle Hohenlohe
Alison liebt einen Franzosen
Roman
200 Seiten, DM 24,–
ISBN 3-87203-013-2

John Knittel
Abd-el-Kader
Roman aus dem marokkanischen Atlas
384 Seiten, DM 26,–
ISBN 3-87203-007-8

* John Knittel
Amadeus
413 Seiten, DM 34,–
ISBN 3-87203-059-0

John Knittel
Der Commandant
Roman aus Nordafrika
192 Seiten, DM 26,–
ISBN 3-87203-047-7

John Knittel
El Hakim
Roman aus dem Ägypten der Vorkriegszeit
448 Seiten, DM 28,–
ISBN 3-87203-014-0

John Knittel
Jean Michel
Roman
320 Seiten, DM 32,–
ISBN 3-87203-027-2

John Knittel
Kapitän West
Roman
360 Seiten, DM 34,–
ISBN 3-87203-064-7

John Knittel
Via Mala
Roman
686 Seiten, DM 29,80
ISBN 3-87203-004-3

John Knittel
Therese Etienne
Roman
415 Seiten, DM 39,80
ISBN 3-87203-087-6

John Knittel
Der Weg durch die Nacht
Roman
536 Seiten, DM 34,–
ISBN 3-87203-024-8

Walter Laufenberg
Der Zwerg von Heidelberg
Perkeo, Hofnarr auf dem Schloß der Pfälzer Kurfürsten
311 Seiten mit 11 Abbildungen, DM 32,–
ISBN 3-87203-018-3

Fritz Möbius
Hinter den Katzenhäusern
Roman aus dem Siebenjährigen Krieg
464 Seiten, DM 38,–
ISBN 3-87203-028-0

Ekkehart Rudolph
Umbruch
Roman
253 Seiten, DM 29,80
ISBN 3-87203-063-9

Rainer Stiller
Erotische Legenden
160 Seiten mit 10 Zeichnungen von Gabriele Maßmann
DM 29,80
ISBN 3-87203-062-0

Gerhard Vescovi
Der Blaue Esel
Roman aus der Nachkriegszeit
323 Seiten, DM 29,80
ISBN 3-87203-011-6

Richard Voß
Zwei Menschen
Roman
288 Seiten, DM 28,–
ISBN 3-87203-010-8

Hans Blickensdörfer
Flanken und Strafstöße
Betrachtungen über den Sport und die Welt
Mit einem Vorwort von Manfred Rommel
207 Seiten, DM 19,80
ISBN 3-87203-022-1

Gordon Brook-Shepherd
Die Opfer von Sarajevo
Erzherzog Franz Ferdinand und Sophie von Chotek
396 Seiten mit 26 Abbildungen, DM 39,80
ISBN 3-87203-037-X

Alan Burgess
Die Herberge zur Sechsten Glückseligkeit
Eine unbegabte Frau in China
376 Seiten, DM 29,80
ISBN 3-87203-021-3

Hans Peter Doll
Vorhang zu!
Erinnerungen eines Theatermachers
208 Seiten mit 24 Abbildungen, DM 29,80
ISBN 3-87203-081-7

Hans Peter Doll (Hrsg.)
Mein erstes Engagement
Theaterleute erinnern sich
200 Seiten mit 26 Abbildungen, DM 29,80
ISBN 3-87203-038-8

Samuel Edwards
Die göttliche Geliebte Voltaires
Das Leben der Émilie du Châtelet
264 Seiten, DM 29,80
ISBN 3-87203-061-2

Harald Eschenburg
Die polnische Prinzessin
Elisa Radziwill: die Jugendliebe Kaiser Wilhelms I.
192 Seiten mit 17 Abbildungen, DM 24,–
ISBN 3-87203-015-9

Birgit Lahann
Hausbesuche
Zu Gast bei Künstlern, Stars und Literaten
288 Seiten mit 32 Abbildungen, DM 28,–
ISBN 3-87203-005-1

Joan Haslip
Die Freundin des Kaisers
Franz Joseph und die Schauspielerin Katharina Schratt
399 Seiten mit 25 Abbildungen, DM 29,80
ISBN 3-87203-003-5

Wend Graf zu Eulenburg-Hertefeld
Ein Schloß in der Mark Brandenburg
Liebenberger Erinnerungen
Herausgegeben von Dirk Klose
240 Seiten mit 47 Abbildungen, DM 34,–
ISBN 3-87203-088-4

Christa Rotzoll
Frauen und Zeiten
192 Seiten, DM 19,80
ISBN 3-87203-029-9

Heinz von Sauter
Der wirkliche Casanova
Eine Biographie
352 Seiten, DM 34,–
ISBN 3-87203-020-5

Christine und Karlheinz Schemmann
Der achte Himmel
Aus dem Leben der Bergbauern
288 Seiten mit 62 Abbildungen, DM 29,80
ISBN 3-87203-008-6

Ruth Rahmeyer
Ottilie von Goethe
Das Leben einer ungewöhnlichen Frau
400 Seiten mit 20 Abbildungen, DM 39,80
ISBN 3-87203-046-9

Engelhorns Lebensbücher

Ralph Waldo Trine
In Harmonie mit dem Unendlichen
189 Seiten, DM 26,–
ISBN 3-87203-039-6

* Ralph Waldo Trine
Was alle Welt sucht
Ein Lebensbuch
192 Seiten, ca. DM 26,–
ISBN 3-87203-117-1

*** Kleine Geschichten vom Bodensee**
Gesammelt und herausgegeben von
Ulla Küster
144 Seiten mit 36 Abbildungen, DM 12,80
ISBN 3-87230-098-1

Kleine Geschichten aus Bonn
Gesammelt und herausgegeben von
Ulrich-Frank Planitz
144 Seiten mit 28 Abbildungen, DM 12,80
ISBN 3-87203-055-8

*** Kleine Geschichten aus Brandenburg**
Gesammelt und herausgegeben von
Urs Rose
144 Seiten mit 36 Abbildungen, DM 12,80
ISBN 3-87203-113-9

*** Kleine Geschichten aus Bremen**
Gesammelt und herausgegeben von
Antje Herzog
144 Seiten mit 32 Abbildungen, DM 12,80
ISBN 3-87203-100-7

Kleine Geschichten aus der DDR
Gesammelt und herausgegeben von
Klaus Keßler
144 Seiten, DM 12,80
ISBN 3-87203-083-3

Kleine Geschichten aus Franken
Gesammelt und herausgegeben von
Roger Gerhardy
144 Seiten mit 31 Abbildungen, DM 12,80
ISBN 3-87203-096-5

Kleine Geschichten aus Hamburg
Gesammelt und herausgegeben von Ulla Küster
144 Seiten mit 37 Abbildungen, DM 12,80
ISBN 3-87203-071-5

*** Kleine Geschichten aus Köln**
Gesammelt und herausgegeben von Günter Rüber
144 Seiten mit 37 Abbildungen, DM 12,80
ISBN 3-87203-116-3

Kleine Geschichten aus Kurpfalz
Gesammelt und herausgegeben von Klaus Keßler
144 Seiten mit 20 Abbildungen, DM 12,80
ISBN 3-87203-053-1

Kleine Geschichten aus Mecklenburg
Gesammelt und herausgegeben von Ulla Küster
144 Seiten mit 36 Abbildungen, DM 12,80
ISBN 3-87203-091-4

*** Kleine Geschichten von der Mosel**
Gesammelt und herausgegeben von Elisabeth Görg
144 Seiten mit 33 Abbildungen, DM 12,80
ISBN 3-87203-099-X

*** Kleine Geschichten aus München**
Gesammelt und herausgegeben von Gabriele Holst
144 Seiten mit 36 Abbildungen, DM 12,80
ISBN 3-87203-115-5

Kleine Geschichten aus Niedersachsen
Gesammelt und herausgegeben von Antje Herzog
144 Seiten mit 37 Abbildungen, DM 12,80
ISBN 3-87203-058-2

Kleine Geschichten vom Niederrhein
Gesammelt und herausgegeben von Birgit Rüber
144 Seiten mit 38 Abbildungen, DM 12,80
ISBN 3-87203-078-7

*** Kleine Geschichten aus Pommern**
Mit einer Einführung versehen von Christian Graf von Krockow
144 Seiten mit 36 Abbildungen, DM 12,80
ISBN 3-87203-101-5

Kleine Geschichten von Rems und Murr
Gesammelt und herausgegeben von Horst Lässing
144 Seiten mit 27 Abbildungen, DM 12,80
ISBN 3-87203-077-9

Kleine Geschichten aus dem Saarland
Gesammelt und herausgegeben von Elisabeth Görg
144 Seiten mit 29 Abbildungen, DM 12,80
ISBN 3-87203-066-3

Kleine Geschichten aus Sachsen
Gesammelt und herausgegeben von Ulrich Frank-Planitz,
144 Seiten mit 25 Abbildungen, DM 12,80
ISBN 3-87203-092-2

*** Kleine Geschichten aus Sachsen-Anhalt**
Gesammelt und herausgegeben von Karl Hermann Weck
144 Seiten mit 48 Abbildungen, DM 12,80
ISBN 3-87203-114-7

Kleine Geschichten aus dem Schwarzwald
Gesammelt und herausgegeben von Ulla Küster
144 Seiten mit 35 Abbildungen, DM 12,80
ISBN 3-87203-057-4

Kleine Geschichten aus Schleswig-Holstein
Gesammelt und herausgegeben von Ulla Küster
144 Seiten mit 32 Abbildungen, DM 12,80
ISBN 3-87203-040-X

Kleine Geschichten aus Stuttgart
Gesammelt und herausgegeben von Karin v. Maur
144 Seiten mit 13 Abbildungen, DM 12,80
ISBN 3-87203-076-0

*** Kleine Geschichten aus Thüringen**
Gesammelt und herausgegeben von Ludwig Degenkolb
144 Seiten mit 32 Abbildungen, DM 12,80
ISBN 3-87203-104-X

*** Kleine Geschichten aus Venedig**
Gesammelt und herausgegeben von Reinhard Lebe
144 Seiten mit 42 Abbildungen, DM 12,80
ISBN 3-87203-102-3

Kleine Geschichten aus Westfalen
Gesammelt und herausgegeben von Renate Jostmann
144 Seiten mit 28 Abbildungen, DM 12,80
ISBN 3-87203-041-8

Kleine Geschichten aus Wien
Gesammelt und herausgegeben von Ludwig Degenkolb
144 Seiten mit 34 Abbildungen, DM 12,80
ISBN 3-87203-067-1

Kleine Geschichten aus Zürich
Gesammelt und herausgegeben von Federico Hindermann
144 Seiten mit 15 Abbildungen, DM 12,80
ISBN 3-87203-052-3

Kleine Geschichten aus der Frühlingszeit
Gesammelt und herausgegeben von Federico Hindermann
144 Seiten mit 24 Abbildungen, DM 12,80
ISBN 3-87203-043-4

Kleine Geschichten aus der Osterzeit
Gesammelt und herausgegeben von Hilde Hollen
144 Seiten mit 42 Abbildungen, DM 12,80
ISBN 3-87203-079-5

*** Kleine Geschichten aus der Pfingstzeit**
Gesammelt und herausgegeben von Renate Jostmann
144 Seiten mit 48 Abbildungen, DM 12,80
ISBN 3-87203-105-8

Kleine Geschichten aus der schönen Sommerszeit
Gesammelt und herausgegeben von Hilde Hollen
144 Seiten mit 32 Abbildungen, DM 12,80
ISBN 3-87203-060-4

Kleine Geschichten aus der Herbstzeit
Gesammelt und herausgegeben von Federico Hindermann
144 Seiten mit 54 Abbildungen, DM 12,80
ISBN 3-87203-095-7

*** Kleine Geschichten aus der Winterzeit**
Gesammelt und herausgegeben von Hilde Hollen
144 Seiten mit 27 Abbildungen, DM 12,80
ISBN 3-87203-111-2

Kleine Geschichten vom Tannenbaum
Gesammelt und herausgegeben von Renate Jostmann
144 Seiten mit 26 Abbildungen, DM 12,80
ISBN 3-87203-070-1

Weihnachtsbriefe deutscher Dichter
Gesammelt und herausgegeben von Ulla Küster
144 Seiten mit 30 Abbildungen, DM 12,80
ISBN 3-87203-048-5

*** Die Weihnachtsfrau und elf andere Geschichten**
Ausgedacht und erzählt von Hans-Frieder Willmann
128 Seiten mit 28 Abbildungen, DM 12,80
ISBN 3-87203-112-0

Kleine Geschichten aus dem Weihnachtsland
Das silberne Erzgebirge und seine Festbräuche
Gesammelt und herausgegeben von Ulrich Frank-Planitz
112 Seiten mit 50 Abbildungen, DM 12,80
ISBN 3-87203-033-7

Weihnachtsgeschichten aus aller Welt
Gesammelt und herausgegeben von Birgit Rüber
144 Seiten mit 43 Abbildungen, DM 12,80
ISBN 3-87203-090-6

Liebesbriefe deutscher Dichter
Gesammelt und herausgegeben von Dieter Luippold
144 Seiten mit 40 Abbildungen und 8 Faksimiles, DM 12,80
ISBN 3-87203-075-2

Kleine Geschichten für Musikfreunde
Gesammelt und herausgegeben von Wolfram Göbel
144 Seiten mit 20 Abbildungen, DM 12,80
ISBN 3-87203-093-0

Kleine Geschichten aus der Schulzeit
Gesammelt und herausgegeben von Birgit Rüber
144 Seiten mit 38 Abbildungen, DM 12,80
ISBN 3-87203-068-X

*** Kleine Geschichten für junge Mütter**
Gesammelt und herausgegeben von Ulla Küster
144 Seiten mit 44 Abbildungen, DM 12,80
ISBN 3-87203-109-0

Kleine Geschichten über schöne Frauen
von Carl Brinitzer
144 Seiten mit 21 Abbildungen, DM 12,80
ISBN 3-87203-042-6

Kleine Geschichten über Pflanzen und Heilkräuter
von Günter Döderlein
112 Seiten mit 34 Abbildungen, DM 12,80
ISBN 3-87203-032-9

Kleine Geschichten für Gartenfreunde
Gesammelt und herausgegeben von Ulla Küster
144 Seiten mit 50 Abbildungen, DM 12,80
ISBN 3-87203-080-9

Kleine Geschichten für Naturfreunde
Gesammelt und herausgegeben von Rainer Köthe
144 Seiten mit 56 Abbildungen, DM 12,80
ISBN 3-87203-097-3

*** Kleine Geschichten für Tierfreunde**
Gesammelt und herausgegeben von Rainer Köthe
144 Seiten mit 40 Abbildungen, DM 12,80
ISBN 3-87203-103-1

Kleine Geschichten für Katzenfreunde
Gesammelt und herausgegeben von Hilde Hollen
144 Seiten mit 44 Abbildungen, DM 12,80
ISBN 3-87203-044-2

Kleine Geschichten für Hundefreunde
Gesammelt und herausgegeben von Hilde Hollen
144 Seiten mit 21 Abbildungen, DM 12,80
ISBN 3-87203-051-5

Kleine Geschichten für Pferdefreunde
Gesammelt und herausgegeben von Gabriele Holst
144 Seiten mit 21 Abbildungen, DM 12,80
ISBN 3-87203-056-6

Kleine Geschichten über die Jagd
Gesammelt und herausgegeben von Urs Rose
144 Seiten mit 38 Abbildungen, DM 12,80
ISBN 3-87203-069-8

*** Kleine Geschichten für Bergfreunde**
Gesammelt und herausgegeben von Stefan Frühbeis und Roger Gerhardy
144 Seiten mit 45 Abbildungen, DM 12,80
ISBN 3-87203-108-2

*** Kleine Geschichten für Skifahrer**
Gesammelt und herausgegeben von Birgit Rüber
144 Seiten mit 25 Abbildungen, DM 12,80
ISBN 3-87203-110-4

*** Kleine Geschichten für Tennisfreunde**
Gesammelt und herausgegeben von Birgit Rüber
144 Seiten mit 43 Abbildungen, DM 12,80
ISBN 3-87203-106-6

Kleine Geschichten für Eisenbahnfreunde
Gesammelt und herausgegeben von Hansjörg Küster
144 Seiten mit 54 Abbildungen, DM 12,80
ISBN 3-87203-089-2

Kleine Geschichten für Mercedes-Fahrer
Daten und Ereignisse aus dem ältesten Automobilunternehmen der Welt
Gesammelt und herausgegeben von Ulrich Frank-Planitz
128 Seiten mit 44 Abbildungen, davon 9 in Farbe, DM 12,80
ISBN 3-87203-030-2

Kleine Geschichten für Trabbi-Freunde
Gesammelt und herausgegeben von Renate Jostmann
144 Seiten mit 27 Abbildungen, DM 12,80
ISBN 3-87203-085-1

Konrad Adenauers Lieblingsgedichte
Gesammelt und herausgegeben von
Anneliese Poppinga
80 Seiten, DM 12,80
ISBN 3-87203-031-0

Manfred Rommels gesammelte Sprüche
Gefunden und herausgegeben von
Ulrich Frank-Planitz
125 Seiten mit 13 Abbildungen, DM 12,80
ISBN 3-87203-050-7

Kleine Geschichten aus dem Kanzleramt
Gesammelt und herausgegeben von Ulrich Volz
144 Seiten mit 25 Abbildungen, DM 12,80
ISBN 3-87203-094-9

Tratschke fragt: Wer war's?
Neue Folge der Geschichtsrätsel aus der »Zeit«
143 Seiten und 1 Vignette, DM 12,80
ISBN 3-87203-074-4

Felix Berner
Flügel der Morgenröte
Erzählung
144 Seiten mit 8 Vignetten, DM 12,80
ISBN 3-87203-049-3

Gertrud Fussenegger
Mohrenlegende
Eine Weihnachtsgeschichte
62 Seiten, DM 12,80
ISBN 3-87203-017-5

Curt Goetz
Das Haus in Montevideo
128 Seiten mit 3 Abbildungen, DM 12,80
ISBN 3-87203-045-0

Curt Goetz
Dreimal täglich
Rezepte von Curt Goetz
80 Seiten, DM 12,80
ISBN 3-87203-072-8

Curt Goetz
Viermal täglich
Rezepte von Curt Goetz
78 Seiten, DM 12,80
ISBN 3-87203-073-6

Herbert von Hoerner
Die Kutscherin des Zaren
Erzählung
128 Seiten, DM 12,80
ISBN 3-87203-012-4

Lin Yutang
Die Kurtisane
Eine Liebesgeschichte aus dem alten China
158 Seiten, DM 12,80
ISBN 3-87203-054-X

Otto Rombach
Christina Alessandra
Die Schwedenkönigin in Rom
95 Seiten, DM 12,80
ISBN 3-87203-026-4

Ina Seidel
Sommertage
Eine Liebesgeschichte
63 Seiten, DM 12,80
ISBN 3-87203-025-6

Gerhard Vescovi
Die sieben Stufen der Nacht
Mit Aquarellen von Ri Meuser von Eschmar
96 Seiten mit 7 Abbildungen, DM 12,80
ISBN 3-87203-084-1

Geschenkkassette
*** Zwischen Rügen und Erzgebirge**
Fünf Bände mit kleinen Geschichten aus Brandenburg, Mecklenburg, Sachsen, Sachsen-Anhalt und Thüringen
Zusammen 720 Seiten mit 176 Abbildungen,
DM 49,80
ISBN 3-87203-118-X

Ihr Buchhändler

564 89001